电子商务（直播电商方向）专业系列教材

电商视觉营销与图像设计
（第2版）

主　编：陈俊鹏　　丁文剑

副主编：曹　前　　陈　懿　　叶露露　　何旭兰

参　编：钱锡辉　　义乌六晨电子商务培训有限公司　　总经理
　　　　梁春风　　锋尚（义乌市）电子商务有限公司　　总经理
　　　　赵康利　　阿坝师范学院
　　　　罗　平　　阿坝师范学院

电子工业出版社
Publishing House of Electronics Industry
北京·BEIJING

内容简介

电商视觉营销是依托文字、图像、色彩等来吸引顾客关注，从而达到促进销售目的的一种营销方式。本书面向电商内容运营，针对电商图片处理，对其中涉及的视觉定位、数据分析、商品信息采集、图片规范、移动端的竖屏设计需求等进行阐述，详细说明电商图文内容的设计、编辑及优化，明确图文内容在当前内容电商形势下的重要性，让读者能够及时跟上电商图文内容的变化，提升商业转化。

本书侧重案例分析与理论相结合；通过引用数据分析来指导图片设计；侧重移动端，兼顾桌面端；紧贴内容电商发展实际，本书可以作为电商类专业学生的专业教材，也适合有一定电商图片设计基础者进行提高阅读。

未经许可，不得以任何方式复制或抄袭本书之部分或全部内容。
版权所有，侵权必究。

图书在版编目（CIP）数据

电商视觉营销与图像设计 / 陈俊鹏，丁文剑主编 . -- 2 版 . -- 北京：电子工业出版社，2024.4
ISBN 978-7-121-47405-7

Ⅰ.①电… Ⅱ.①陈…②丁… Ⅲ.①电子商务—网络营销 Ⅳ.① F713.365.2

中国国家版本馆 CIP 数据核字（2024）第 048991 号

责任编辑：魏建波
印　　刷：天津善印科技有限公司
装　　订：天津善印科技有限公司
出版发行：电子工业出版社
　　　　　北京市海淀区万寿路 173 信箱　邮编 100036
开　　本：787×980　1/16　印张：14　字数：358.4 千字
版　　次：2020 年 8 月第 1 版
　　　　　2024 年 4 月第 2 版
印　　次：2025 年 6 月第 3 次印刷
定　　价：56.00 元

凡所购买电子工业出版社图书有缺损问题，请向购买书店调换。若书店售缺，请与本社发行部联系，联系及邮购电话：（010）88254888，88258888。
质量投诉请发邮件至 zlts@phei.com.cn，盗版侵权举报请发邮件至 dbqq@phei.com.cn。
本书咨询联系方式：（010）88254609 或 hzh@phei.com.cn。

前 言

在电子商务这一行业中，消费者只能通过视觉方式查看商品的详细情况以做出购买决策。当前电商视觉营销主要以各项运营数据为指导，通过文字、色彩、图像及视频等方式来进行展示。因此，视觉营销在店铺运营的过程中，其作用不仅体现在商品展示，更在于决定商品在消费者心中的认知。良好的视觉营销可以提升单品流量、店铺流量，提高店铺转化率，降低跳失率，促进店铺稳步、良性发展。

目前，以视觉营销为载体的多途径内容运营已经成为电商运营的主流。掌握电商视觉营销可以提升网店的竞争力，提高店铺运营、网店美工的营销能力，促进自我和团队的发展。

本书为浙江省义乌市与四川省汶川县"义汶政校协作"精准扶贫模式成果，由义乌工商职业技术学院一线电商创业导师及阿坝师范学院的老师共同参与，根据电商视觉营销从业者的学习习惯及阅读体验进行优化，可以满足不同电商视觉相关从业者的需求。在编写过程中，编写团队邀请了多个行业企业代表共同优化、确定本书内容。

本书共有7个项目。每个项目都有案例导入，引出主题的同时介绍相关视觉营销知识。项目内容展示过程都穿插多个实战案例分析，并设计相应实训案例，给出理论知识的同时强化了本书实战属性。

项目一从整体介绍了视觉营销的概念、使用方法、数据指标及视觉优化办法；项目二从电商视觉设计的流程出发，介绍了采集商品信息时用到的操作技巧、构图方法及用光原则；项目三对店铺视觉中涉及的视觉定位及店铺首页设计优化进行阐述；项目四从商品的运营入手，详细展示商品调研及策划、USP设计实践、场景化展示及详情页中主图、海报、详情页的设计优化；项目五对多个电商平台的图片规范进行规范性表述；项目六从移动端客户的视觉习惯入手，详细阐述了竖屏设计思维及多个移动端电商平台的不同设计要求；项目七则对多个行业主流视觉工具进行了入门应用实战展示。

本书可作为电子商务专业核心课程的教材，教学中建议学生在具有一定的视觉设计能力的基础上进行，推荐作为"图形图像处理""网店美工""电商运营"等课程的进阶课程。

本书的出版得到了义乌工商职业技术学院创业学院（创业园）、电子商务学院陈旭华院长、徐峰书记及义乌工商职业技术学院教务处蒋鹏副处长的支持和帮助，在此致以衷心的感谢！

由于编者水平有限，书中难免会有疏漏和不妥之处，恳请各位专家、同行和读者不吝批评和指正。

陈俊鹏

目 录

01

项目一　网店视觉营销 001

【学习目标】 002
【引导案例】 002
【任务分析】 006
【任务学习】 006

1.1 视觉营销基础 006
1.1.1 视觉营销基本概念 006
1.1.2 视觉营销的基本流程 007
1.1.3 视觉营销的原则 009

1.2 视觉营销的应用 009
1.2.1 吸引注意力 009
1.2.2 唤醒记忆力 010
1.2.3 营造好感度 010
1.2.4 激发想象力 011

1.3 视觉营销的数据指标 012
1.3.1 店铺首页装修因素 012
1.3.2 宝贝描述优化 016
1.3.3 关联营销 018
1.3.4 影响转化率指标分析流程 019

1.4 视觉营销的误区 025
1.4.1 转化的流失 025
1.4.2 盲目功能化 027
1.4.3 风格定位缺失 027

【思政园地】 029
【实训案例】 031

02 项目二　商品信息数据采集 ·········· 033

【学习目标】·········· 034
【引导案例】·········· 034
【任务分析】·········· 037
【任务学习】·········· 037

2.1　认识商品特征和要求 ·········· 037
　　2.1.1　商品拍摄的特点 ·········· 038
　　2.1.2　商品拍摄中的常见问题 ·········· 039

2.2　准备摄影器材 ·········· 042
　　2.2.1　相机分类及选购要素 ·········· 042
　　2.2.2　光源 ·········· 043
　　2.2.3　辅助拍摄器材 ·········· 047
　　2.2.4　拍摄环境道具 ·········· 049

2.3　确定商品拍摄风格 ·········· 050

2.4　环境与布光 ·········· 053
　　2.4.1　光源的种类 ·········· 053
　　2.4.2　光质 ·········· 055
　　2.4.3　光位 ·········· 055

2.5　基本构图及商品摆放技巧 ·········· 056
　　2.5.1　摆放角度 ·········· 056
　　2.5.2　商品外形的二次设计 ·········· 057
　　2.5.3　摆放的疏密与序列感 ·········· 058
　　2.5.4　展示商品内部结构 ·········· 058
　　2.5.5　选择合适的背景 ·········· 059
　　2.5.6　巧妙地使用道具 ·········· 059

【思政园地】·········· 060
【实训案例】·········· 062

03

项目三　店铺的视觉定位 ……………………………… 063

【学习目标】……………………………………………… 064
【引导案例】……………………………………………… 064
【任务分析】……………………………………………… 065
【任务学习】……………………………………………… 065

3.1　视觉定位的目的和意义 ………………………… 065
3.2　视觉定位原则 …………………………………… 067
3.3　视觉定位的分类 ………………………………… 068
  3.3.1　品牌型店铺 ………………………………… 069
  3.3.2　营销型店铺 ………………………………… 069
3.4　视觉定位的要素 ………………………………… 070
  3.4.1　色彩搭配 …………………………………… 070
  3.4.2　字体选择 …………………………………… 073
3.5　店标设计 ………………………………………… 075
  3.5.1　店标案例分析 ……………………………… 075
  3.5.2　店标设计形式及要点 ……………………… 077
  3.5.3　店标设计规范 ……………………………… 079
3.6　店招营销设计 …………………………………… 079
  3.6.1　店招案例分析 ……………………………… 079
  3.6.2　店招设计形式及要点 ……………………… 080
  3.6.3　导航菜单营销设计 ………………………… 082
3.7　店铺页尾营销设计 ……………………………… 084
  3.7.1　页尾案例分析 ……………………………… 084
  3.7.2　页尾设计要点与形式 ……………………… 087

【思政园地】……………………………………………… 088
【实训案例】……………………………………………… 090

04 项目四 店铺模块的视觉设计 ········· 091

【学习目标】········· 092
【引导案例】········· 092
【任务分析】········· 093
【任务学习】········· 094
 4.1 商品调研及设计 ········· 094
  4.1.1 商品调研 ········· 094
  4.1.2 商品策划 ········· 095
  4.1.3 USP的开发设计 ········· 097
  4.1.4 视觉的场景化设计 ········· 099
  4.1.5 宝贝详情页面设计理念 ········· 100
 4.2 主图营销设计 ········· 102
  4.2.1 主图案例分析 ········· 103
  4.2.2 主图设计要点 ········· 105
 4.3 海报及轮播图营销设计 ········· 107
  4.3.1 海报案例分析 ········· 107
  4.3.2 海报的设计要点与形式 ········· 110
 4.4 详情页营销设计 ········· 114
  4.4.1 详情页通用布局模块 ········· 115
  4.4.2 详情页营销内容设计 ········· 122
  4.4.3 营销布局误区 ········· 123
  4.4.4 爆款商品详情页面分析 ········· 125
【思政园地】········· 127
【实训案例】········· 129

05 项目五 营销视觉规范 ········· 131

【学习目标】········· 132
【任务分析】········· 132
【任务学习】········· 132

目 录

5.1 商品图上传规范 ·· 132
    5.1.1 淘宝商品图上传规范 ································· 132
    5.1.2 天猫商品图上传规范 ································· 142
5.2 场景图使用规范 ·· 148
    5.2.1 淘宝场景图上传规范 ································· 148
    5.2.2 天猫国际直营（买遍全球）商品图上传规范 ··· 150
【思政园地】 ··· 154
【实训案例】 ··· 156

06 项目六 移动电商平台设计需求 ·················· 159

【学习目标】 ··· 160
【引导案例】 ··· 160
【任务分析】 ··· 162
【任务学习】 ··· 162
6.1 移动端屏幕特点 ·· 162
6.2 移动端用户分析 ·· 166
    6.2.1 时间碎片化，办公移动化 ··························· 166
    6.2.2 缺乏耐心，习惯跳读 ································· 167
    6.2.3 只有下意识的行动，害怕深度思考 ·············· 167
6.3 移动端设计原则 ·· 168
    6.3.1 竖屏构图 ··· 168
    6.3.2 大图大字 ··· 169
    6.3.3 少放内容 ··· 169
    6.3.4 浅显易懂 ··· 169
6.4 移动端平台的设计要求 ··· 170
6.5 手机淘宝的设计要求 ·· 171
6.6 京东移动端的设计要求 ··· 173
6.7 拼多多移动端的设计要求 ······································ 174
    6.7.1 白底图 ·· 174
    6.7.2 商品轮播图 ··· 175

6.7.3	商品详情图	175
6.7.4	长图	175
6.7.5	商品活动主图	176
6.7.6	商品视频	177

6.8 Wish的设计要求 …………………………………………… 178

【思政园地】 ………………………………………………………… 179

【实训案例】 ………………………………………………………… 181

项目七　视觉设计工具 …………………………………………… 183

【学习目标】 ………………………………………………………… 184

【任务分析】 ………………………………………………………… 184

【任务学习】 ………………………………………………………… 184

7.1 Adobe系列软件 …………………………………………… 184

  7.1.1　Adobe软件概述 ……………………………………… 184

  7.1.2　Adobe Photoshop软件概述 …………………………… 185

  7.1.3　Adobe Photoshop软件使用方法简介 ………………… 185

7.2 Affinity系列软件 …………………………………………… 194

7.3 C4D软件 …………………………………………………… 195

7.4 印象Inter Photo …………………………………………… 195

7.5 稿定设计 …………………………………………………… 195

  7.5.1　稿定设计桌面客户端应用实例 ………………………… 195

  7.5.2　稿定设计（天天向商）App应用实例 ………………… 199

7.6 美图秀秀 …………………………………………………… 202

  7.6.1　美图秀秀软件概述 ……………………………………… 202

  7.6.2　美图秀秀App使用方法简介 …………………………… 202

【思政园地】 ………………………………………………………… 209

01

项目一
网店视觉营销

【学习目标】

1. 掌握视觉营销的概念。
2. 掌握电商视觉营销的使用方法。
3. 了解视觉营销相关的数据指标。
4. 掌握使用数据指标完成视觉优化的方法。
5. 了解视觉营销中常见的误区。

【引导案例】

"逗比勇士"卫龙营销秘籍

辣条是好辣条,但它却"不安分",从"吃袋辣条,压压惊"的表情包,再到仿苹果风的线下展示店和线上旗舰店,最后到最近的从乐天下架,新晋"逗比勇士"卫龙玩得不亦乐乎!

如今,卫龙已经从印象中 5 毛一袋的普通食品变身为霸气侧漏的食品界"网红"。另外,你敢相信卫龙辣条在美国的售价飞涨几十倍卖到 7.2 美元(约 49.6 元人民币)一包吗?

为什么卫龙能实现如此巨大的逆袭呢?你以为只是靠图 1-1 所示的这些"贱贱"的自嘲和表情包吗?

图 1-1 表情包

卫龙看似随意的举动实际上有着他们对品牌形象、营销节点、营销目的等多个方面的考虑。

1. "6.18"营销

这次营销策划也称为旗舰店被黑事件。为了配合"6.18"的大促活动,6 月 8 日,卫龙旗舰店页面被黑,网店首页出现了图 1-2 所示情况。

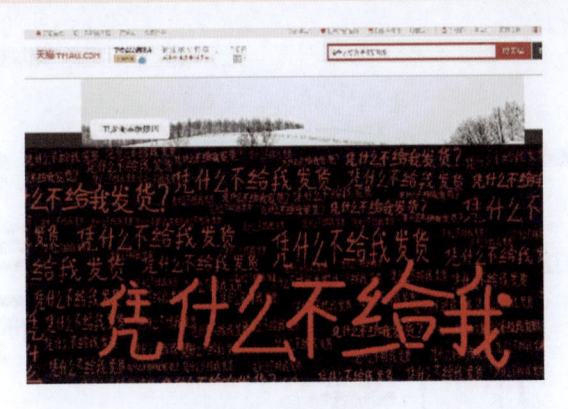

图 1-2 网站被黑

广大辣条爱好者开始在微博上声援卫龙,"辣条被黑了"话题关注度持续上升,甚至一度超过了"高考"。

之后,卫龙官微发布了图 1-3 所示的聊天截图公布了事情的原委。

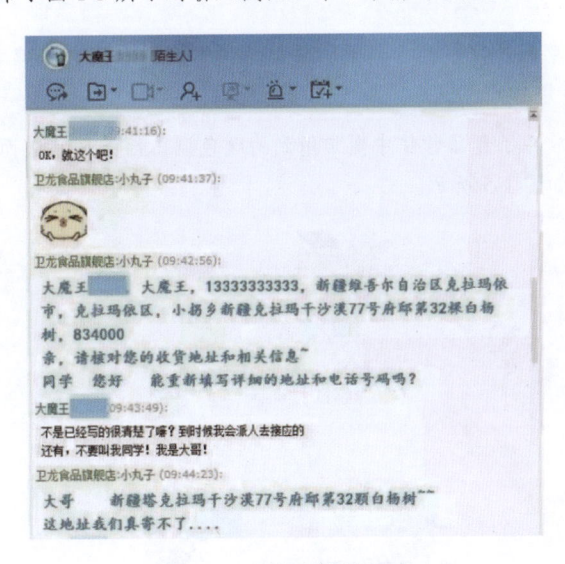

图 1-3 公布事情的原委

2 小时后,卫龙天猫店再次"被黑",首页变为一大堆表情包,如图 1-4 所示。

但之后,卫龙却向大家宣布,这就是个营销事件,并宣布了和暴走漫画的合作。

本次卫龙采取的营销方式主要有两种:被黑式事件营销+悬疑营销。

这次营销的噱头确实做得很不错,卫龙辣条的搜索指数在 6 月 8 日当天达到了峰值,是平时的 100 多倍。

图 1-4 一大堆表情包

2. 模仿官网风格设计网站

卫龙线上旗舰店把苹果风发挥到了极致，极简的网页背景、英文品牌名等都让观众大呼惊奇，不少网友感慨："模仿苹果我只服卫龙！"

本次营销中，卫龙放弃了食品营销中惯常用到的暖色调，而是反其道而行之模仿科技风，最大程度上实现了差异化，如图 1-5 所示。

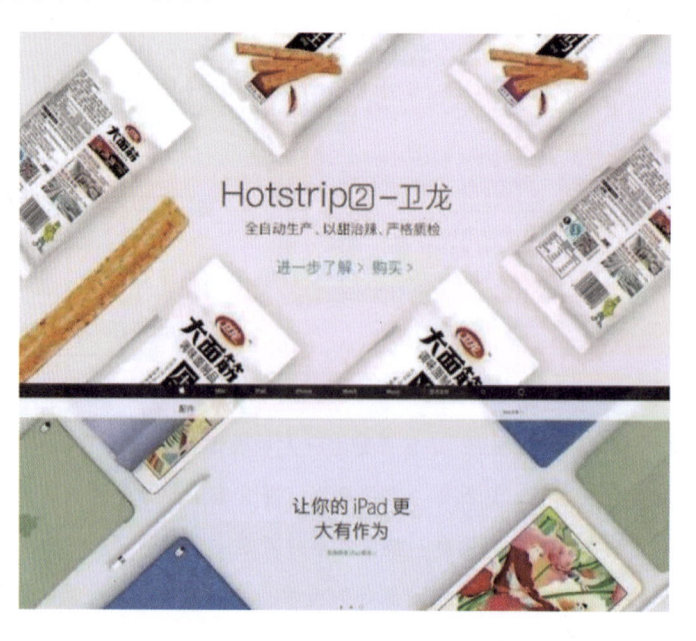

图 1-5 模仿官网风格设计网站

3. 仿苹果风线下体验店

2016年10月，卫龙模仿苹果线下旗舰店的举动引起了广泛关注。但其实网络上疯传的线下店铺的图片只是公司参加福州秋季糖酒会而设立的展位，如图1-6所示。

图1-6 仿苹果风线下体验店

但不管怎样，本次模仿苹果店铺的营销行为还是引起了不小轰动。纵观卫龙的逆袭史，我们不难发现，其探索营销的道路并非一路顺利。在之前很长的一段时间里，卫龙的营销事件只是隔靴搔痒，存在这样或者那样的问题导致无法实现营销目的。

不成功的营销各有各的不成功，成功的策划却往往遵循了同样的法则。

让我们一起来探索卫龙得以营销成功的关键。

在此之前，卫龙一直靠情怀做营销，但时代变迁，想要通过情怀形成传播已经明显不够用了。随后，卫龙邀请了文章等明星为品牌代言。但已经见惯了各路明星代言的消费者对此并没有产生多大感觉。在慢慢地摸索中，卫龙才逐渐找到自己的定位，在品牌传播、渠道和产品方面都有了新的路线。

品牌传播方面：2016年，卫龙一直以特定频率出现在大众视线，被同行称为"最会玩店铺"。

"吃袋辣条，压压惊"的童年美食风、带着浓浓"苹果风"的新品发布和线下展示店、"双11"的"辣条娘"二次元形象，卫龙旗舰店一直霸占渠道热点。而这样的风格极符合现代人高压下的审美。

渠道方面：卫龙采用"通路精耕"或"直控终端"等线下渠道模式，摒弃大多同行相对粗放的代理制，甚至有些是大代理制；在线上渠道方面，卫龙通过天猫平台把自己从传播上的"网红"变成了销量上的"网红"。

方法看似很简单，却是很多企业不敢想的：那就是减少站内推广，做互联网推广，做站外引流。这看似更曲折的道路，在"好内容"的催动下，卫龙将引流价格做到了更低。

产品方面： 给麻辣加上甜味是其产品方面的另一"伟大的创举"，卫龙充分发挥了酱干的制作工艺，开发出了烧烤味、香辣味、五香味、鸡汁味、五香卤汁味、麦辣鸡汁味等十余种口味近百个规格的产品系列，极大地满足了众多吃货消费者的口味。

由此可知，好的营销必须搭配好产品+好设计，才能产生巨大的市场能量。

【任务分析】

1. 视觉营销基础。
2. 视觉营销的应用。
3. 视觉营销的数据指标。
4. 视觉营销的误区。

【任务学习】

1.1 视觉营销基础

1.1.1 视觉营销基本概念

视觉是营销的一种技术。

在互联网电子商务领域，视觉被提到一个较高的地位。在电子商务的交易过程中，消费者在收到商品之前，买的是一张照片及一份信任。再好的推广手段，再好的商品，都要依赖于视觉的传递来打动消费者。

随着人们的消费需求从基本温饱层面向精神层面发展，视觉营销这门新兴的营销科学应运而生。在视觉营销中，视觉是手段，营销是目的，即视觉以营销为目的和出发点，营销则是通过各种视觉展现手段来实现的。具体来说，视觉营销是将展示技术和视觉呈现技术与商品营销理论相结合，旨在通过增强消费者的视觉感受促进销售。商家进行视觉营销，就是通过色彩、图片、广告、橱窗、陈列、视频等一系列视觉展现手段，向消费者传达商品信息、服务理念和品牌文化，从而打造出一个如图1-7所示的有吸引力的"磁场"，达到促进商品销售、树立品牌形象的目的。随着市场竞争越来越激烈，视觉营销在各种营销方式中具有较为核心的竞争力。

项目一　网店视觉营销

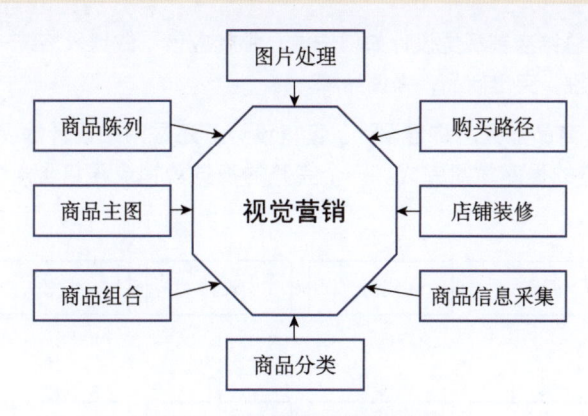

图 1-7　视觉营销"磁场"图

传统行业中的视觉营销涉及的大都是商品陈列、卖场装修等具象的事物。随着电子商务的迅猛发展，视觉营销这一传统行业的惯用手段也逐渐融入网络世界，并越来越受到重视，这都是由电子商务特殊的购物方式所决定的。在实体店中，消费者可以通过看、尝、摸、闻、听等去感知商品实物的好坏；而在网店中购物，由于接触不到商品实物，消费者只能通过色彩、图像、文字和视频来判断商品是否符合自己的需求。因此，视觉营销在电子商务中的作用，就是通过色彩、图像、文字等形成的强烈视觉冲击力来博取人们的眼球，吸引消费者点击进店，提升店铺流量，进而刺激其购物欲望，把流量转化为有效流量（成交量）。视觉营销仅聚焦眼球还不够，更重要的是要塑造网店的品牌形象，这样才能将有效流量转变为忠实流量。

对于电子商务来说，视觉营销结合商品结构、活动安排、时效性等因素的变化对店铺的结构、设计进行实时调整，从而让店铺在店铺访问深度、用户黏度等方面均有所提升。也就是说，转化率在很大程度上是要依赖于视觉的。视觉能力的提升，与转化率的提升是直接相关的。

1.1.2　视觉营销的基本流程

做好设计，除了设计师本身的审美能力、设计软件的操作能力和对素材的运用能力，营销方面所给的方向性指导也是不可或缺的。

首先，视觉设计要有清晰准确的商品定位和营销战略思想做指引。视觉只是承载，思想才是核心和灵魂。在店铺不同的时期、不同的营销活动下，都有不同的主题作为核心思想。很多店铺，号称专注某个领域，但页面表达出来的效果却南辕北辙，因此，这就是一个缺乏战略思想的设计。

其次，要形成品牌定位与视觉定位的高度统一。随着人们消费观念的改变，消费者要购买的已经不只是商品本身，他们开始关心品牌所体现的文化和带来的精神诉求。这就是为什么国内的中等收入人群，在有限的收入下却会尽可能地去拥有一件奢侈品一样。店铺视觉是品牌与消费者的窗口，它的形象直接决定消费者对该品牌商品的印象。

因此，如果要简单总结店铺视觉设计如何去做，那就应该：做到风格统一，注重视觉引导，注重用户体验，注重易用性，突出商品，强调品牌。

不论是店铺设计、商品陈列、广告设计、窗口设计，还是网站设计等视觉营销活动，都需要经过一系列环节和一定的程序才能完成。一个完整的视觉营销流程包含 4 个步骤，具体如图 1-8 所示。

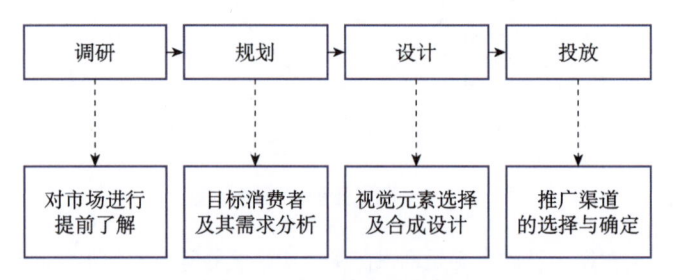

```
调研 → 规划 → 设计 → 投放
 ↓      ↓      ↓      ↓
对市场进行  目标消费者   视觉元素选择  推广渠道
提前了解   及其需求分析  及合成设计   的选择与确定
```

图 1-8　视觉营销流程

为了保证视觉营销计划的切实可行，使其具有明确的目的性和针对性，需要对有关问题加以调查、分析、论证，也就是第一步所需要做的"调研"。调研的目的是对市场形成初步的认识，把握好商品的定位和方向。

视觉营销的第二步"规划"的任务是思考、分析第一步中收集到的调研数据，包括分析受众的生活方式、消费习惯、审美取向，以及用户群的需求等，以便体现在设计当中。

根据前面调研分析的数据和内容，在视觉营销的第三步中，综合运用图片、文字、素材来进行设计，如图 1-9 所示。设计图是视觉营销策略构思的具体反映和整体设计效果的直观表现，由此可以把握和评价设计的最终效果。

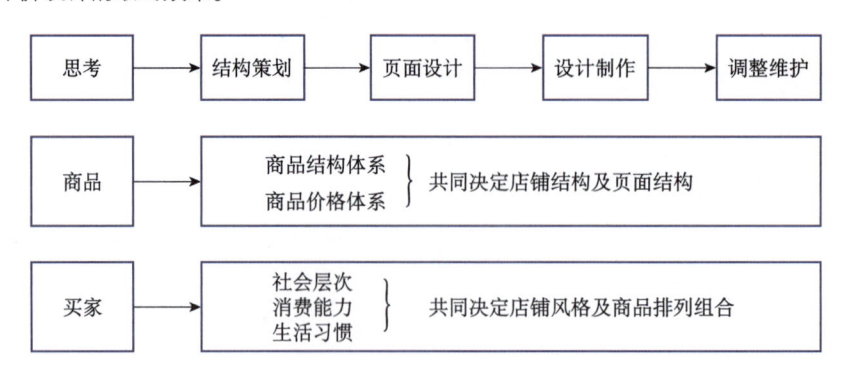

```
思考 → 结构策划 → 页面设计 → 设计制作 → 调整维护

商品 → 商品结构体系
       商品价格体系   }共同决定店铺结构及页面结构

买家 → 社会层次
       消费能力      }共同决定店铺风格及商品排列组合
       生活习惯
```

图 1-9　视觉营销设计

视觉营销的最后一步就是设计图及营销内容的投放，即根据店铺活动和销售内容选择不同的渠道进行推广。

1.1.3 视觉营销的原则

网店视觉营销的策划和实施需要遵循一定的原则,那就是目的性、审美性、实用性,具体的概述和操作如表 1-1 所示。

表 1-1 视觉营销的原则

视觉营销原则	概述	具体操作
目的性	营销是目的,网店的视觉营销始终要以营销为目的,所有的视觉展示手段都要达成销售服务	1. 做好商品主图,抓住买家眼球 2. 合理规划页面架构,做到主次分明、重点突出,建立良好的第一印象 3. 做好店招,让买家一眼就能知道店铺卖的是什么、商品风格等 4. 分析买家喜好,在商品详情页明确呈现买家关注的商品属性和特色,刺激买家的购买欲
审美性	视觉营销始终要注重买家的视觉感受,页面必须好看,同时,视觉效果不能一成不变,否则买家会产生视觉疲劳	1. 网店装修设计中要充分运用视觉引导、黄金分割、色彩搭配等平面设计理论 2. 定期装修店铺,使买家每次进店都会有不同的购买感受
实用性	实用性就是要将店铺每个模块的作用突显出来,且必须服务于消费者的喜好,做好可操作性	1. 注意视觉元素的统一,不要把店铺装修得凌乱 2. 巧妙运用文字说明、图片示意,让消费者轻松熟悉店铺的操作功能和商品的分类结构,方便消费者快速找到商品、下单和获得帮助

1.2 视觉营销的应用

在网上购物,视觉的沟通尤为重要,"看到"这个动作是所有营销手段的开始,而且也将贯穿始终。在网店商品同质化和价格透明化的今天,网店店主需要进行不懈的探索来丰富视觉营销的领域,从以下 4 个关键点入手并与消费者进行更多、更深层次的心灵对接,才能获得成功。

1.2.1 吸引注意力

从目前的网络技术发展水平来看,消费者在网上购物还不能像在实体店铺里一样与商品进行"亲密接触",主要通过文字描述、图片展示和短视频来了解商品,这些都属于视觉营销中"视"的范畴。因此,网店视觉营销的首个关键点就是打造出注意力,将消费者的视线吸引过来。

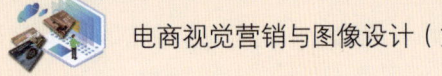

消费者的视线总会被一些较为特别和漂亮的事物吸引，例如，比较图1-10、图1-11所示的两张商品主图，显而易见，尽管要表现的商品是一样的，但经过精心设计的图片更能吸引消费者的注意。

图1-10　编程机器人（1）　　　　图1-11　编程机器人（2）

1.2.2　唤醒记忆力

唤醒记忆力就是在视觉营销活动中给予消费者一定的怀旧元素刺激，激发消费者的怀旧情怀，勾起他们记忆深处的共同记忆符号，以此来引发购买倾向。这些怀旧元素可能是日常生活中的实物，也可能是店铺中较为独特的符号，如店铺的徽标（logo）等。将怀旧元素反复地展现在消费者眼前，在消费者脑海中形成一定的固定思维，也就是将品牌的价值高度浓缩后进行传播，使之形成最简单的记忆点。如图1-12所示为韩都衣舍品牌的形象化logo。

图1-12　韩都衣舍品牌的形象化logo

1.2.3　营造好感度

网店要想赢得消费者的认可和好感，需要同时做好多个方面的工作，而其中视觉营销可以从以下几个方面入手来营造视觉好感度。

1. 网店页面的加载速度

如果消费者在 10 秒内都无法完整打开网店的页面，肯定会放弃在店中购物。因此，装修网店时要注意对图片和网页进行优化，并对优化结果进行测试，以控制好网页的加载速度。

2. 网店 VI 设计和功能规划

网店装修的页面布局、颜色搭配和功能设计应该能让消费者获得视觉上的愉悦感受和操作上的快捷体验，这样才能获得更多的订单。

3. 丰富的商品分类及充分的信息描述

详细而全面的商品分类和信息描述能解决消费者心中对于商品的疑惑，可以促使消费者下单。

1.2.4 激发想象力

视觉营销只向消费者展现拥有商品能获得的物质满足是不够的，更重要的是通过激发消费者的想象力，给予消费者心理上的满足，为商品创造更多的附加值。特别是对某些类型的商品，如服装、箱包等，消费者期望得到的不仅仅是商品本身，还包括商品所带来的美好想象和心理满足，在进行视觉营销时就要注重让消费者产生某种情绪联想，才能使消费者进而产生购买冲动，例如，手机散热背架设计如图 1-13 所示。

图 1-13　手机散热背架设计

1.3 视觉营销的数据指标

1.3.1 店铺首页装修因素

1. 首页需要关注的指标

（1）PV、UV 占比应该保持在 20% 左右

PV 即访问量，为店铺内页面的浏览量或点击量，用户每次刷新页面即被计算。UV 指访问网店的每一台客户端计为一个访客，每天 00:00—24:00 间相同的客户端访问网店只被计算一次。

如果首页 PV 和 UV 占总流量的比例过高，则说明老客户比较多，因为只有老客户才会直接访问首页。如果都做老客户生意，没有新客户，则老客户肯定也会慢慢流失。没有新鲜血液，生意就像一潭死水，没有新水进来，那么这潭水就会臭掉。

如果首页 PV 和 UV 占总流量的比例过低，80% 的访客会直接进入单品页面。这里可能有两种原因：一种是直接买了商品，另一种是访客跳失了。没有去首页，那说明整个店铺的路径很乱，也说明营销活动不吸引人，客户就没有去首页看的欲望。

因此，PV、UV 占比过高和过低都不好，占比在 20% 左右相对正常。

（2）跳失率应控制在 50% 以下

跳失率指从该页进入商品页面，并从该页面直接跳出的概率，因此跳失率越低越好。

（3）出店率应控制在 50% 以下

出店率指从其他页进入商品页面，并从该页面直接离店的概率，因此出店率越低越好。

（4）首页到宝贝页、分类页的点击率

该数据直接反映首页的推荐宝贝或推荐分类是否合理，是检查购物路径是否合理的重要指标。首页到宝贝页的点击率，如果首页第一屏放的宝贝的点击率反而比下面那些宝贝的点击率低，则说明首屏推荐的宝贝和客户想要的不一致。在整个店铺的首页和分类页中，应该将重点推荐宝贝、销量最佳宝贝突出显示，使其点击率最高。

2. 高转化率首页布局

高转化率首页布局应该遵循以下 4 个原则：

- 充分利用店招和导航。
- 首页第一屏很关键，一定要放能代表店铺形象的 UV 价值高的产品。
- 合理的分类导航可以缩短购物路径。
- 商品陈列要风格统一，重点突出。

UV 价值高的商品可以在首页重复出现。首页布局如图 1-14 所示，下面具体介绍首页中的相关模块。

图 1-14　首页布局

（1）店招

店招是整个店铺里面曝光量最大的一个板块，不管用户从哪个流量入口进来，都会看到店招。店招的基本作用在于突出品牌、明确商品、展示商品定位。

通常而言，店招易存在以下问题：

- 品牌定位不明确。
- 商品定位不明确。
- 店招中干扰元素太多。

因此，店招设计要求：

- 传达店铺品牌及商品定位，品牌型店铺需突出商品的品质及品牌形象。
- 展示店内活动，应突出店内活动，或某一个爆款单品。
- 在店招中增加功能性内容，提高买家体验度，方便买家收藏、店内搜索。

（2）导航

导航的作用有缩短购物路径及提高用户体验。

导航和店招一样，在店铺中其曝光量也是很大的，而且它的作用主要体现在功能性方面，这个功能就是让买家用最短的时间找到想要的商品。设计时一定要站在买家的角度，结合自己店铺商品的分类，让买家不论从哪个流量入口进来，都可以以最快的速度通览店铺里的所有宝贝。

因此，如何分类非常关键。

误区：尽量不要让分类有交叉现象，也就是说，一个商品只能归在一个分类里。

重新梳理自己的商品线，把一些卖得不好的、供应链有问题的商品统统砍掉，不要认为商品越多越好。应提倡小而美，把某一个细分类目做精做强。

（3）首页第一屏

用户在关注一个页面时，上面的关注点会比下面的关注点多很多，越往下关注点越少，所以在设计首页布局时，一定要把能反映自己店铺形象的 UV 价值高的商品，或者最重要的店内活动放在第一屏。

首页布局中有一个"一屏论"，即在设计首页时，一定要让浏览者在第一屏就能够将重要信息看完整，下面的内容也可以看到一小部分，而且要考虑客户端在不同显示分辨率下所能看到的效果。要考虑当前大量手机用户，把图片按照手机用户的喜好进行优化设计，善用竖屏思维。

（4）促销区

为什么有的店一眼看到就让人流连忘返，像七格格家，形象很潮；还有裂帛家，具有民族风，都给人一种眼前一亮的感觉！就像人们见面交流时，第一眼也很关键，如果第一眼印象好，那么后面就很容易沟通；如果第一眼印象不好，那么后面的沟通就会很困难。因此，促销区必须有不可替代性的表现。

那么，如何提高不可替代性的表现呢？可以从以下 6 个方面来体现。

- **服务**。全球首发，只有在我们这里才有这个服务，如图1-15所示。

图 1-15　不可替代性的服务表现

- **品质**。表现与众不同的品质，如MAC的新品系列（如图1-16所示），整个店铺装修表现出奢华、高贵，当然其商品的品质让人感觉非同一般，其客户一般都有消费能力，所以这里就不要以价格作为主要促销信息了。

图 1-16　MAC 的品质

- **价格**。消费者永远不会单纯地认为价格越低越好,他们关心的是自己所买的宝贝,在相同品质下值这个价,你要让他们觉得这个宝贝是物超所值的。

如何让消费者觉得物超所值?这是我们要考虑的,如果低价促销,那么一定要给消费者一个充足的理由,不然他们可能会认为它只值这个价!如图 1-17 所示,这是一个无印良品的春季打折。恰逢疫情渐去,以应援生活的名义进行降价促销活动,在保持品牌一贯的高品质、重生活的前提下,给予了充分的降价理由。

图 1-17　充分的降价理由

- **特殊效果**。同样都是卖鞋的,你的鞋有什么特别的卖点?Clarks的特性是"英式流行",这就是浓厚的复古英伦风,如图1-18所示。

图 1-18　特殊效果

- **品牌效应**。也许你的品牌是线下品牌,别人还不知道,但一定要告诉用户你的实力!

如图 1-19 所示,黑色经典是一个始创于 2010 年的臭豆腐品牌,品牌前身是一家"经典·长沙臭豆腐"小吃摊,发明了"灌汁臭豆腐",真正意义上把长沙臭豆腐推向全国,是长沙最有名的臭豆腐品牌之一。

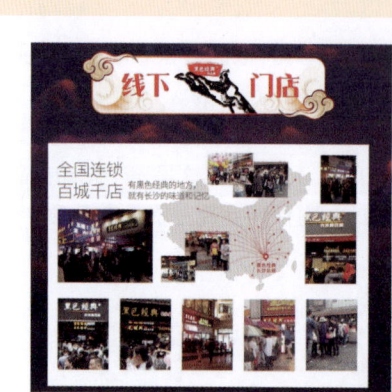

图 1-19　黑色经典臭豆腐的品牌效应

- **促销活动**。通过店内促销活动吸引买家，也是一个不错的选择，如图1-20所示。

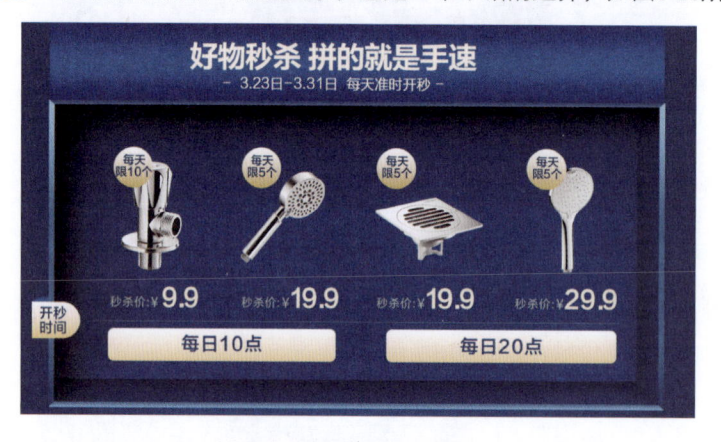

图 1-20　店内促销活动

店内促销活动一定要注意时效性，比如说包邮仅限今天，那么明天这个活动一定要取消，不能天天都老一套，否则会让客户有一种上当受骗的感觉。

总之，促销区的视觉营销设计的注意事项有：不放零成交的宝贝，一定要放代表店铺形象的UV价值高的爆款；链接不进入分类页，缩短购物路径；保持设计风格统一，促销宝贝颜色应和宝贝详情页主图的颜色一致；促销主题应单一、突出，切忌促销信息太多。

1.3.2　宝贝描述优化

1. 宝贝页需要关注的指标

宝贝页需要关注的指标有以下几个。

（1）UV（Unique Visitor）

同店铺首页类似，宝贝页的 UV 是指通过互联网访问、浏览这个网页的自然人。访问网页的一台客户端计为一个访客。00:00-24:00 内相同的客户端只被计算一次，而且一天内同个访客多次访问仅计算一个 UV。

（2）PV

同店铺首页类似，宝贝页的 PV 即页面浏览量或点击量，用户每 1 次对网站中的每个网页访问均被记录为 1 个 PV。用户对同一页面的多次访问，访问量累计，用以衡量网站用户访问的网页数量。

（3）跳失率

统计时间内，访客中没有发生点击行为的人数占访客数的比例，即 1−点击人数 / 访客数。该值越低表示流量的质量越好。多天的跳失率为各天跳失率的日均值。

（4）出店率

出店率指离开店铺页面的商品数量占该店铺页面商品总数量的比例。

（5）宝贝页收藏率

宝贝页收藏率指收藏量 / 访客数。

（6）购物车使用率

购物车使用率指购物车转化量 / 购物车总量。

（7）宝贝的成交转化率

统计每日时间内，支付买家数 / 访客数，即来访客户转化为支付买家的比例。

2. 流量转化过程

在互联网飞速发展的今天，流量和商品销量之间只存在间接转化关系，只有精准的到访流量才能产生更高效益的销量转化！总而言之，垃圾流量带不来销量转化！下面介绍流量转化过程，如图 1-21 所示。

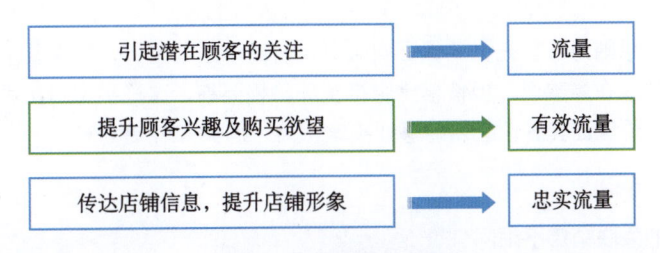

图 1-21 流量转化过程

第 1 步：引起潜在顾客的关注。

在一定程度上可以这样说：吸引了多少眼球，就会有多少潜在顾客，就等于增加了多少流量。也就是说，在搜索时，我们要让宝贝尽可能多地在搜索列表里出现。

第 2 步：提升顾客兴趣及购买欲望。

与坐等生意上门相比，引发顾客购买欲望会事半功倍。

顾客关注到你，但能否激发他的购买欲望就是宝贝描述页的任务了！那么，进入宝贝页的第一件事就是引发顾客的兴趣。

第 3 步：传达店铺信息，提升店铺形象。

在顾客心目中成功地树立起店铺形象，比实际成交一笔订单所取得的收益更大。成功地树立店铺形象，可以增加消费者的复购率。

实际上，这 3 步是将流量转化为有效流量，再到忠实流量的一个过程。这个过程也说明了视觉营销的作用，是认识商品→提升兴趣/改变态度→产生购买行为的消费者购买心理过程，如图 1-22 所示。

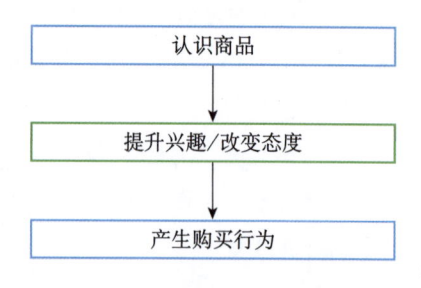

图 1-22　消费者购买心理过程

1.3.3　关联营销

关联营销的作用在于不浪费每一个流量，尽可能多地创造销售机会，提升客单价，让每个活动都能盈利。同时，为品质奠定忠诚，尽可能多地留住消费者，促使其转化为长期、稳定的购买力量。

1. 关联销售原则

（1）黏合性

主次宝贝必须要有紧密的、互补的、可联想的关联关系。

黏合性宝贝的设计原则为：首先不可与主宝贝的类目有冲突，比如夜服再搭一个洗车用品，这两个宝贝完全是不相关的；其次在于能够催生消费者"这样才完美""它们是绝配"的心理变化。

（2）价格区别

价格区别的设计原则为：首先，要保证次宝贝定价高于活动宝贝，如果要主推某一个爆款，则可以设计一个同类款放在爆款里，但价格比主推宝贝价格要高，这样买家对比后，还是会觉得主推宝贝更划算；其次，要保证套餐价必须能够让买家认为"购买 N 件更划算"。

2. 关联营销的误区

（1）不同商品的关联销售不相同

很多卖家为了方便，把所有新品做成一个模板，放在所有宝贝描述页里面。这种关联是强加式的，不管买家喜不喜欢，不管这些宝贝和主宝贝有没有关系，都放在一起的做法是极其错误的。

（2）不同活动的关联销售不相同

关联销售的开展首先要确定目的。不同的目的，包括清库存、换季做销售还是搭配做销量，其关联方式是不同的。不同的活动形式能达到不同的活动目标，不同的活动在规则上也会有所不同。

3. 关联营销的设置位置

- 页面的跳失率高，关联营销信息应放在上面。对于高跳失率的宝贝，与其让客户跳出去，不如让客户跳到爆款、镇店之宝等高转化率的宝贝页面，从而形成向爆款聚焦的购物路径。
- 宝贝的转化率很高，其上面应放搭配套餐，下面或中间放同类商品推荐，甚至不放。高转化率的宝贝上面放搭配套餐有助于提升客单价，同时还可拉动其他爆款。
- 将关联营销信息放在页面的上面、中间还是下面一概而论的做法是极其错误的。

4. 关联营销展现的 4 种形式

（1）搭配建议型

搭配建议型关联营销应遵守的准则如下：

- 关联宝贝必须符合"紧密联系，且能够第一时间联想到"的原则。
- 着眼于消费者应季的需求，催生需求愿望。

（2）差异化型

差异化型关联营销应遵守的准则如下：

- 关联宝贝必须互补。
- 关联宝贝能满足多场景选择。

（3）买送型

买送型关联营销应遵守的准则如下：

- 利益点必须放大突出。
- 所送宝贝的品质必须等于或优于活动宝贝。

（4）引导推荐型

引导推荐型关联营销应遵守的准则如下：

- 必须与主宝贝的功能互补。
- 在互补的基础上，能够提升功能属性。

1.3.4　影响转化率指标分析流程

通过前面的学习，我们来梳理一下影响转化率指标分析流程。

1. 分析

（1）通过生意参谋查看同行业转化指数，如图 1-23 所示，可以查看流量指数、交易指数、支付转化指数、行业排名等。

图 1-23　通过生意参谋查看同行业转化指数

（2）通过生意参谋查看自己店铺的全店转化率，以及与同行业作比较，如图 1-24 和图 1-25 所示。

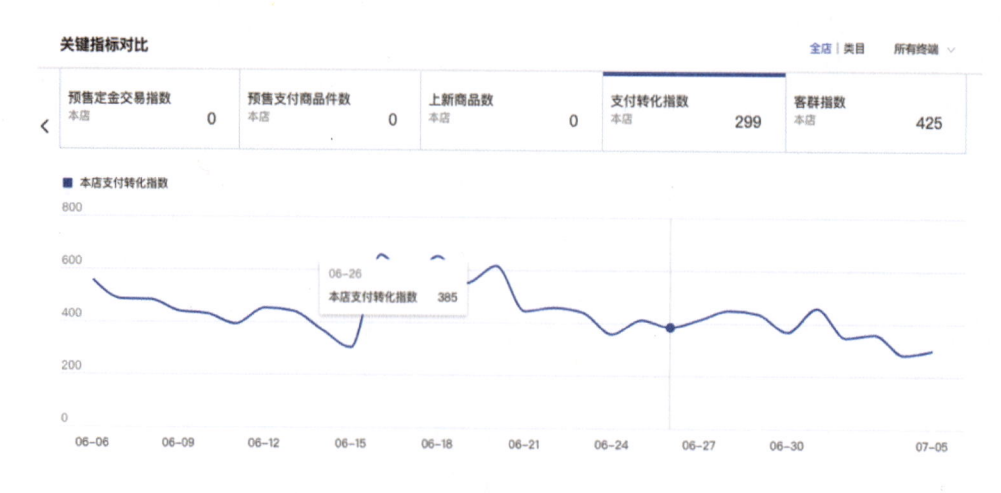

图 1-24　通过生意参谋查看自己店铺的全店转化率

(a）竞店对比

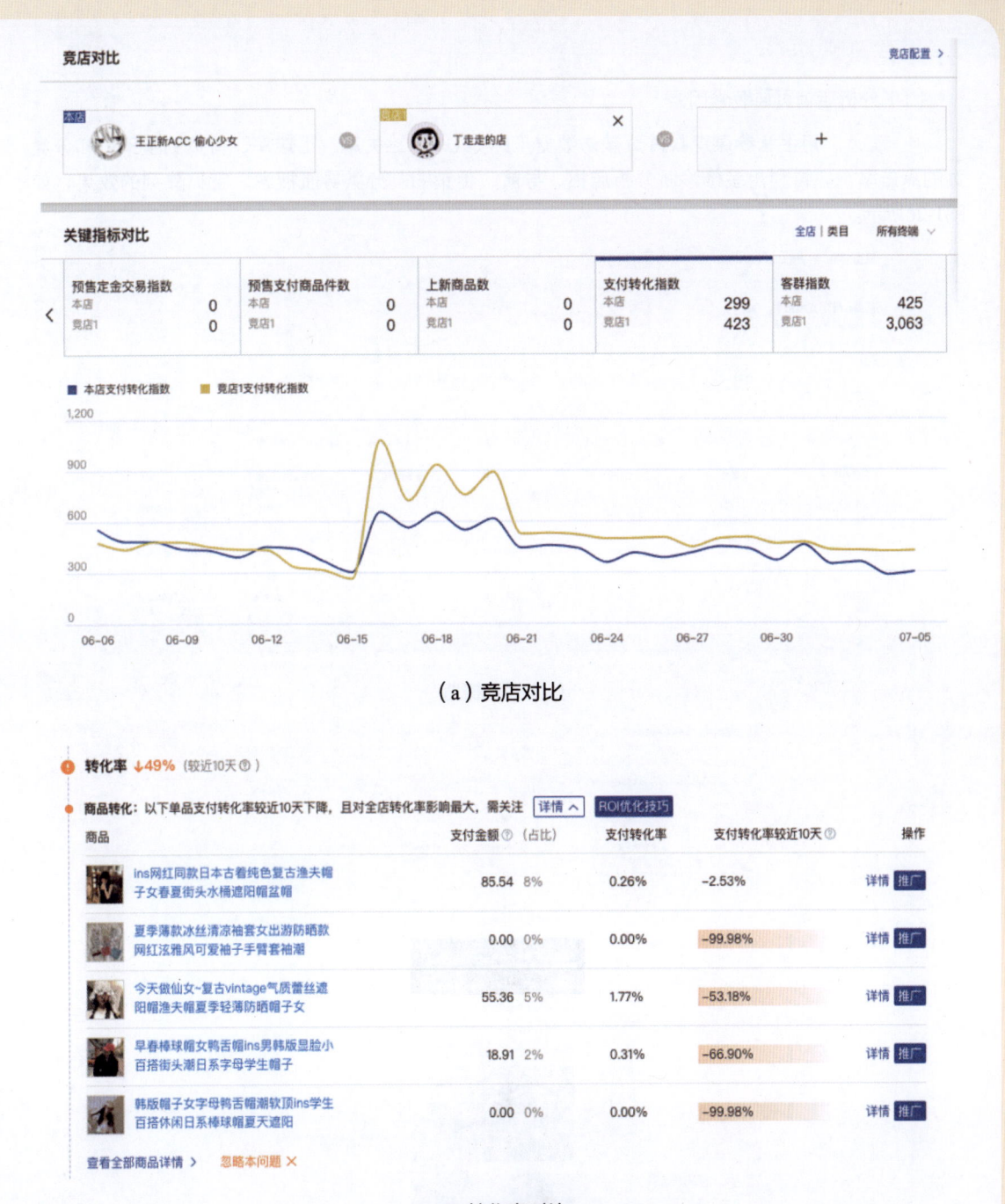

(b）转化率对比

图 1-25　通过生意参谋进行同行业对比

2. 找原因

（1）分析店铺页面装修因素

● **首页**。用生意参谋查看首页被访数据（PV、UV、跳失率、出店率、首页到宝贝页和分类页的点击率），再利用装修诊断分析店招、导航、促销图、分类导航搜索、宝贝陈列的效果，如图1-26所示。

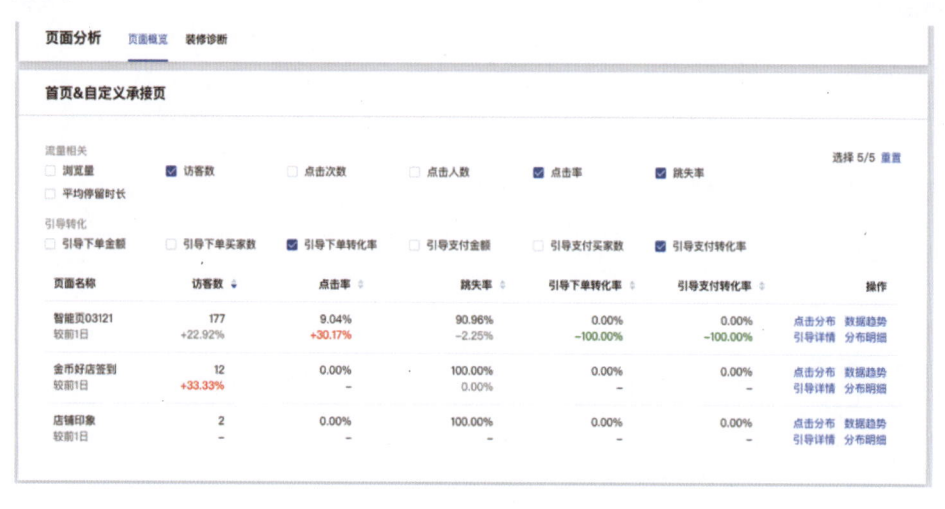

（a）页面概览

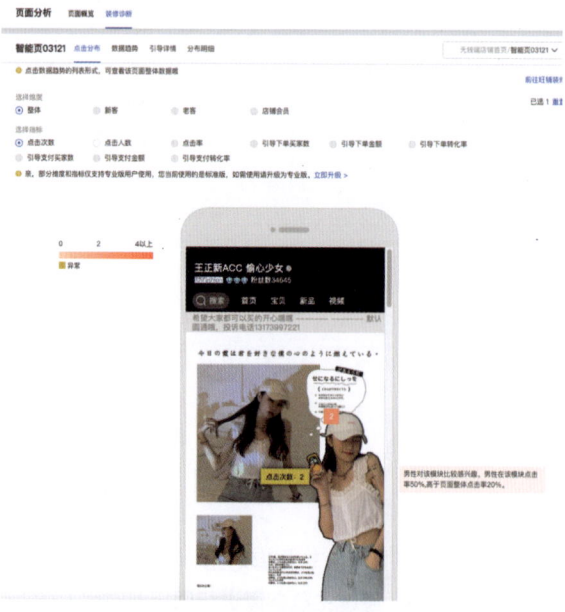

（b）装修诊断

图1-26　分析首页装修因素

- **宝贝页**。用生意参谋查看PV、UV、跳失率、出店率、宝贝页的收藏率、购物车使用率、成交转化率，再用装修诊断分析买家对细节图、商品信息的关注度；查看关联营销的效果；查看宝贝详情各板块的关注度，及时调整摆放顺序；是否设置了进入其他页的通道，如图1-27所示。

（a）流量总览　　　　　　　　　　　　　　（b）详情页诊断

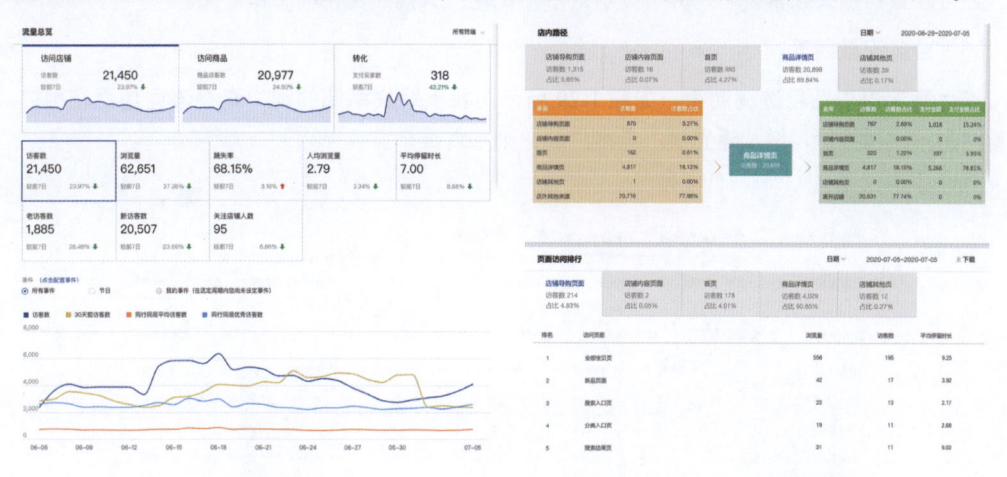

图1-27　分析宝贝页装修因素

- **分类页**。主要关注的数据指标有PV、出店率、分类页到宝贝页的点击率。

（2）问题宝贝因素

用生意参谋查看热销宝贝。

按照"宝贝页访客数"查看本店的热访宝贝，如图1-28所示。成交转化率高，可以推爆款或引流。成交转化率低，则要做好交叉推荐。

图1-28　按照"宝贝页访客数"查看本店的热访宝贝

按照"引导下单买家数"查看本店的热访宝贝。热访、热销的宝贝要交叉推荐。热访但不热销的宝贝就是问题宝贝，不热访但热销的宝贝也是重点关注的对象。

还可以查看流失顾客去向，分析竞争对手，优化宝贝描述优化前后作对比。

（3）自然流量因素

在生意参谋中活用选词助手，如图 1-29 所示。找出跳失率低的词，查看该词是否在推广。已在推广的，适当提价，增加曝光量。未推广的，则加入推广。

图 1-29　在生意参谋中活用选词助手

找出跳失率高的词，检查该词的页面匹配情况。如果页面宝贝很匹配，则从价格、文案、成交记录、信誉等分析原因。如果页面宝贝不匹配，则说明客户进入后没有找到对应的商品，应调整页面内容，如图 1-30 所示。

图 1-30　分析跳失率高的词

（4）付费流量因素

查看直通车关键词报表，按展现量排序。

比较展现量、点击率、转化率等数据，进行广告调整：如果转化率高，则需要加大推广力度；如果转化率低，则需要分析广告创意和宝贝页面的匹配情况；如果展现量高，但是点击率低，则说明广告创意不够吸引人，或价格无优势；如果展现量低，则可能是推广词过偏，需要更换推广词。

1.4 视觉营销的误区

1.4.1 转化的流失

视觉是营销的一个承载，营销的最终结果是提高转化率。因此，视觉会直接影响转化率。那么，转化率到底是如何流失的呢？

图 1-31 所示的是一张网店消费者的流量行走路线原理图。在网店中，一个消费者从进入，到询问，再到购买直到最后重复购买，都是通过视觉的引导来完成的。因此，卖家首先要明白消费者是怎么来的。

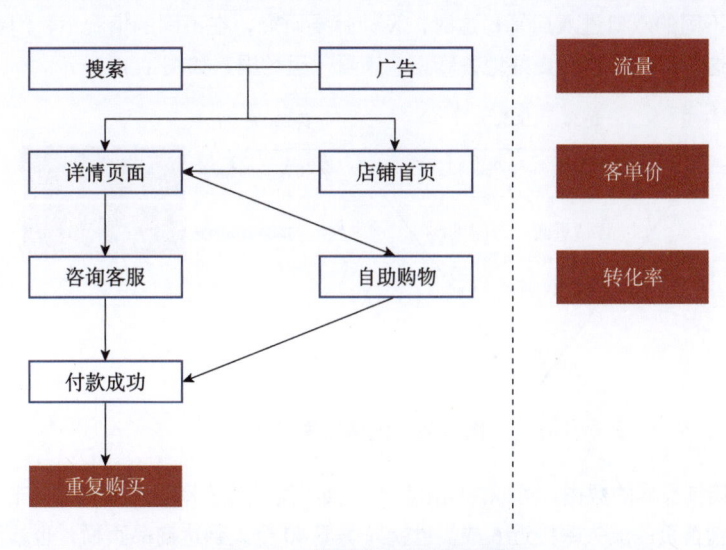

图 1-31 流量行走路线原理图

在正常情况下，消费者有两种方式进入店铺。

一种方式是，当消费者有了需求的时候，会把需求转化成文字进行搜索查询，平台通过一定的展示规则，匹配符合条件的卖家进行排列展示。消费者通过各个纬度的视觉分析和判断，决定点击某个商品，从而进入卖家店铺。这时就形成了一个访问，也就是通常所说的流量。而在展示出来的卖家中，除了价格、销量、款式等因素，一张吸引人的图片也会对消费者的点击加以影响。也就是说，视觉在流量的形成上已经开始起作用了，而没有流量，也就谈不上转化率。

另一种方式是，消费者的需求也许并不十分明确，但平台的推广工具能帮助店铺用精准和广泛两种不同的方式展示商品。当消费者在看到这样的宣传图片的时候，如果能激发其兴趣，也会形成点击，并且进入店铺，这时，视觉的作用便更加明显。因为在这样无自主精准需求的情况下，要让消费者在最短的时间形成点击决策，视觉冲击力是视觉营销的重点。

消费者完成点击后，消费者会到达店铺的三类页面：一类是商品的销售页面，称为宝贝描述页；另一类是店铺的形象页面，称为首页；还有一类是店铺的聚合页面，称为主题页面，也为分类页。不论从哪个页面进入，对这个页面的认可度会直接影响消费者是否会继续浏览，或者进入交易状态。进入交易状态也分为两种：一种直接下单购买，也为自助购物，或者叫静默下单；另一种是点击聊天工具旺旺和客服进行实时交流。而与线下零售形态不同的是，线下客户走到交易环节，通常需要先和导购沟通，在语言交流甚至实物接触后，才会进行交易。而网店消费者通常要通过自主判断，对商品有相对信任度，才会下单或者询问交流。

而从反馈的数据来看，当消费者进入询问环节，转化率就会数倍甚至十数倍地上升。这证明了在网店交易里，前期的视觉引导相当重要。所以，页面又承担了输送询单量的一部分责任。这表明，页面视觉的好坏，应当是建立在消费者心理基础上的，而不能只简单依靠卖家对商品的认知描述。

消费者会从不同的入口进入店铺，这时，设计师要研究，在不同的情况下，消费者是如何流失的，只有把握好这个数据，才能更好地去修正。来看一组数据，如图 1-32 所示。

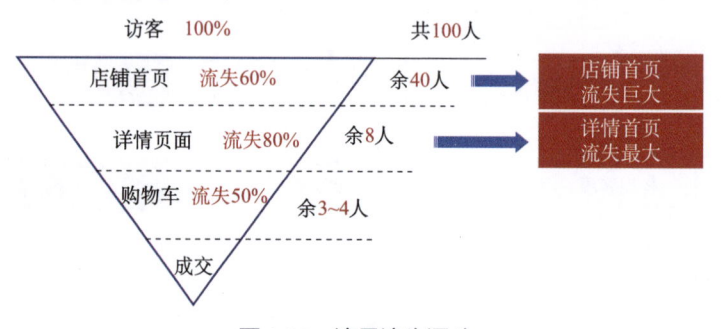

图 1-32　流量流失漏斗

经研究各个店铺页面的数据，可以总结出几类页面不同的流失率。在通常情况下，每百人次的进店浏览中，在店铺首页的流失率接近 6 成，也就只剩下 40 个人到达商品页面，也就是详情页面，之后会有 8 成的人流失，可能仅仅还剩下 8 个人，如果再算上下单未付款的比例，也就可能只有 3~4 个人最后完成整个交易，当然，这后面可能还有退货情况。这也就是为什么目前店铺的整体转化率通常很难突破 3% 的原因。在某次重复购买率高的店铺，或者活动力度比较大的情况下，这个比例会有所上升，但最终这个比例还是远远地低于线下传统零售模式的。这是视觉体验和实物体验的一个差别。

在了解这样一组数据后，首先要明确店铺首页的流失量最大，要重视店铺首页的优化。同时，详情页面承载最后的交易成功率，所以它们是我们要花费更多营销心思来指引视觉优化的部分。下面简单分析几种典型的页面失误。

1.4.2 盲目功能化

页面最常犯的错误就是总希望用最小的篇幅实现最多的功能和展示。事实上，消费者对于重点信息的捕捉是非常有限的。而不论是首页还是详情页，精准、简洁的表达是非常关键的一个技巧。盲目堆积只能给消费者带来反感，如图 1-33 所示。

图 1-33　功能的盲目化

1.4.3 风格定位缺失

这可能是店铺犯得最多的错误，可以使用众多不同的案例来说明。这样的图片设计让消费者完全无法判断其商品到底是什么，也就更谈不上视觉认同感了，如图 1-34 所示。

图 1-34　风格定位的缺失

另外，杂乱的排版、繁多的字体，都会让消费者对商品的可信度直线下降，更谈不上定位了，如图 1-35 所示。

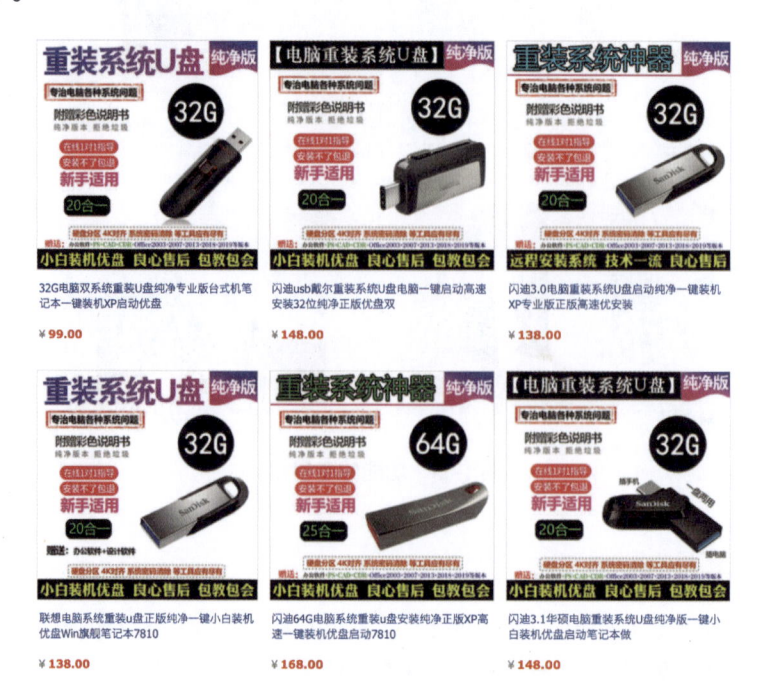

图 1-35　排版杂乱

商品的定位混乱，也会带来整个视觉的混乱。一屏涵盖多种风格，颜色冲突明显，模特不统一，定位失败，如图1-36所示。

图 1-36　定位混乱

在分析了以上案例后发现，多数的店铺在视觉上总有这样那样的缺失，能做到完整统一的少之又少。一边哭诉转化率低下，一边对失误又视而不见。有言道：己所不欲，勿施于人。相信这样的页面，作为卖家自己，在碰到的时候也都会感到失望。因此，注重品牌定位与视觉的统一，是每个网店的视觉必修课。

【思政园地】

文化自信篇——传承中华传统 坚定文化自信

职业素养

党的二十大报告对坚持中国特色社会主义文化发展道路，建设社会主义文化强国做出重要部署，为不断推进坚定文化自信自强、铸就社会主义文化新辉煌、增强实现中华民族伟大复兴的精神力量提供根本遵循，为电商视觉营销设计高质量发展指明方向。

电商视觉营销设计是文化传播的重要载体，能在各类资源的转化及有效运用中实现文

化传承,并能在线上店铺的广泛传播中提升文化影响力。尤其是对传统文化而言,其多元化元素的运用,不仅能提升店铺的品牌特色,还能在商品的传播中弘扬民族精神,展现民族魅力,并在全社会范围内深化文化认同,坚定中华民族文化自信。电商企业想在激烈的竞争中取得市场竞争优势并抢占更多市场份额,传承中国传统节日是促进营销的重要手段之一,如春节、元宵、清明、端午、七夕、中秋等节日,将传统节日元素融入企业营销活动,引起共鸣,促进消费者购买。

案例分析

在借助传统节日进行专题页面设计时,应准确把握节日的内涵、特征,合理分析消费者的消费心理、消费行为,结合市场需求和商品特色,推出符合节日特色的页面设计,同时应该重视节日所蕴含的文化内涵,在商品中加入文化元素。

美的智能家居专题页以春节醒狮表演引入"年货节"主题,并在页面背景中运用灯笼、祥云、中国古楼等与新年息息相关的元素,烘托新年的氛围,以此衬托年货主题;除此之外,在商品的展示中还添加了春联、红包、仿古屋檐等素材,体现新年的节日氛围;该页面在色彩上以中国红为主色,红色在中国象征着吉祥、喜庆,体现活动的热烈和喜庆感,搭配蓝色、黄色集中展示用户需要的信息,方便用户浏览与查找;商品促销展示区中添加了各个商品的优惠信息,使用户在浏览过程中,了解商品的优惠力度,促使更多用户点击与购买,从而提高店铺销量。

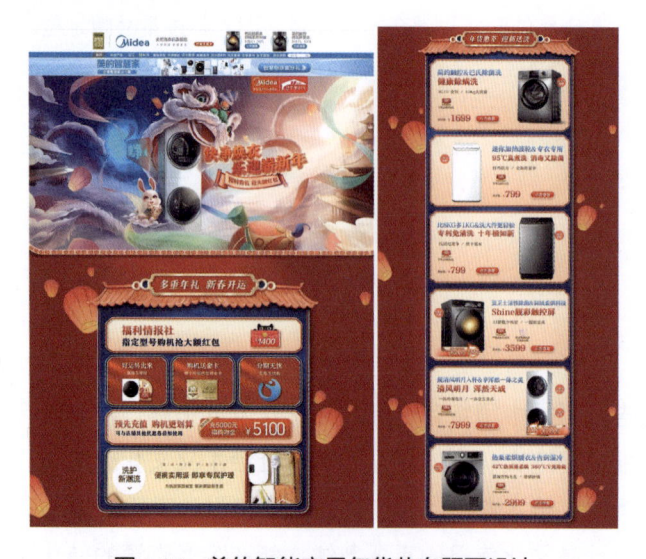

图 1-37 美的智能家居年货节专题页设计

总结

美的智能家居年货节专题页设计，主要借助传统节日开展促销活动来拉近用户和商品的距离，增大用户购买的概率，并通过场景和素材烘托专题页的主题，达到吸引用户注意、传递品牌信息、提高商品转化率的效果，又能增加商品的文化价值，潜移默化地传播中华传统文化，为提升国家文化软实力、坚定文化自信贡献力量。

【实训案例】

1. 实训背景

中秋佳节来临之际，方晓宇同学运营的店铺打算对其中的月饼类商品进行促销活动。美工部门的同事根据方晓宇的要求做了一款促销图，如图1-38所示。但是方晓宇在将图片上传至店铺后，商品的销量总提不上去，但是又不知道该如何修改。为此，她决定对这个图片进行分析，然后交由店铺美工进行重新优化。

图1-38 中秋节促销图

2. 实训目标

- 掌握电商视觉营销的使用方法。
- 掌握应用视觉营销原则对电商图片进行分析的方法。

3. 实训步骤

本实训以个人为单位进行，通过应用视觉营销的三个原则对中秋节促销图进行分析，从营销的角度查看其中的欠缺，再应用图片处理软件，完成促销图的重新设计。

（1）以个人为单位，从视觉营销的目的性、审美性、实用性出发对图片进行分析，指出图片在营销角度上所存在的问题。

（2）提取图片中所拥有的视觉元素，应用图片处理软件对图片进行重新设计，突出其营销属性的同时兼顾美观。

（3）对重新设计好的图片再次进行分析，对其中营销特点不够突出、对店铺促销不利的信息进行优化更新，进一步提升图像的视觉营销效果。

（4）方晓宇收到修改好的图片，将其应用到自己的网店中，根据效果再进行后续国庆节促销图的设计。

02

项目二
商品信息数据采集

【学习目标】

1. 认识商品图片的特征和要求。
2. 掌握摄影的基本概念、摄影原理。
3. 掌握数码相机的使用方法和操作技巧。
4. 掌握摄影的构图方法和基本用光原则。
5. 能够独立拍摄出符合标准的摄影作品。

【引导案例】

服装类目主图视觉趋势

服装类目是网店中非常受欢迎的一个类目，数量庞大且种类繁多。此类目下竞争非常激烈，店铺想要取得不错的流量，在主图方面怎么做才能更吸引人呢？

我们搜索服装类最大热词之一"连衣裙"，并以自然搜索前12个结果为例，如图2-1所示。

由以上案例我们总结发现，目前服装类目的主图视觉趋势有多样的形式，风格丰富多彩。

1. 无头风

在拍摄中刻意避开模特的头部，以此来减少模特面部及表情对于消费者注意力的分散，让消费者更多地关注服装本身，同时这种独特的拍摄方式也会激活消费者大脑的"脑补"功能，可以帮助消费者更好地将自己带入画面，如图2-2所示。

2. 极简风

作为买家，当他们点开图片的第一时间，眼球搜索的信息配合大脑的购买信息关注的应该是商品的本身（款式、风格等），其次才是背景、模特，等等，干净的背景、商品主题的突显给人的都是很微妙的视觉感受，然而带来的效果却是简单的专注，图2-3所示的图片给你的第一感觉是不是直接就被商品给抓住眼球了。

3. 街拍风

摄影师和造型师将模特精心打扮、为服装选择适当的配饰，并放置在一个特定的实景中，这就是场景带入，女孩看到这张图就会想到如果去旅游穿这件衣服肯定漂亮，如果是男孩呢？他会想带女朋友出去玩穿这件衣服也不错。街拍风不同于室内棚拍，它看上去非常自然，消费者会自发产生很强的带入感，如图2-4所示。

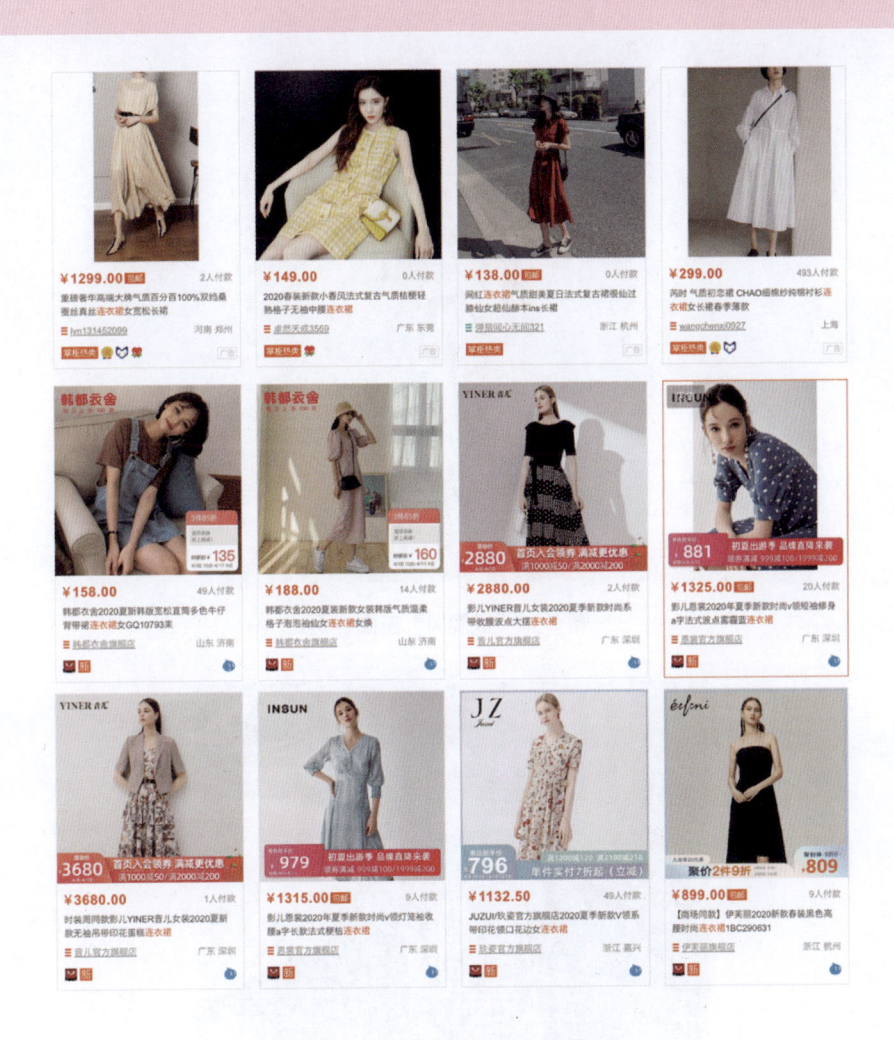

图 2-1 淘宝网连衣裙搜索结果

图 2-2 "无头风"主图样例

图2-3 "极简风"主图样例

图2-4 "街拍风"主图样例

4. 自拍风

自拍风不同于以上的所有摄影师风格，它是由模特自己手持手机进行拍摄的，当然也可能是摄影师用相机模仿拍摄的，自拍风将以买家秀的图片形式前置为主图，令人耳目一新，风格多变，在搜索结果中非常醒目，因为通常消费者的普遍心理是买家秀比卖家秀更真实，所以自拍风能得到消费者的很好认可，如图 2-5 所示。

图 2-5 "自拍风"主图样例

【任务分析】

1. 认识商品特征和要求。
2. 准备摄影器材。
3. 确定商品拍摄风格。
4. 环境与布光。
5. 基本构图及商品摆放技巧。

【任务学习】

2.1　认识商品特征和要求

　　商品拍摄不同于其他题材摄影，它不受时间和环境的限制，大部分商品一天 24 小时都可以进行拍摄，拍摄的关键在于对商品进行有机的组织、合理的构图、恰当的用光，将这些商品表现得静中有动，栩栩如生，通过照片给买家以真实的感受。

2.1.1 商品拍摄的特点

1. 对象静止

商品拍摄区别于其他摄影的最大特点,是它所拍摄的对象都是静止的物体。

2. 摆布拍摄

摆布拍摄是商品拍摄区别于其他摄影的又一个显著特点,它不需要匆忙地进行现场拍摄,可以根据拍摄者的意图进行摆布,慢慢地去完成。

3. 还原真实

商品拍摄不必过于追求意境,失去物品的本来面貌。

商品照片在网店中起着至关重要的作用。一张好的照片,是吸引买家点击和购买的最重要的因素。拍摄一张合格的照片,必须具备一些基本特征和要求。大部分电商平台也是这么要求的,比如淘宝就会要求卖家提供 5 张商品主图,这些图需要满足:清晰干净的主体、商品颜色真实还原、多角度多细节展示、展示商品真实状态、符合尺寸数量需求,例如,皮鞋类目的主图如图 2-6 所示。

图 2-6 皮鞋类目的主图

一张商品照片中除了主体物还会有背景和道具,背景和道具可以适当虚化模糊处理,但是主体物一定要清晰干净,视觉效果要给人以美的感受,彰显商品的质感,如图 2-7 所示。

图 2-7 场景图

在没有特殊需要的情况下,网店商品照片的色彩需要做到准确还原,拍摄者需要结合拍摄前期与后期技巧,尽量让照片展现的色彩与商品本身的色彩一致,如图 2-8 所示。

图 2-8 准确的商品颜色

网店商品照片用于网页展示，消费者无法直接接触到商品观察细节，因此照片中必须要有多个角度、细节呈现，如图 2-9 所示。

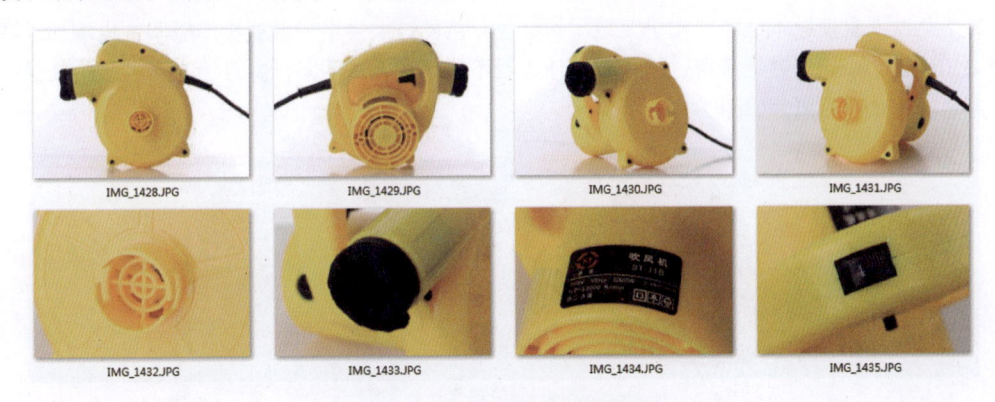

图 2-9 各种角度的商品图片

因为展示图片就是为了让买家更了解商品，了解商品怎么用、用在什么地方、商品的特征特点等信息，所以精准地表现商品的状态能让买家更加直观地了解商品，如图 2-10 所示。

图 2-10 如实反映商品信息

2.1.2 商品拍摄中的常见问题

1. 画面过暗或过亮

图片在拍摄过程中，由于曝光过度或不足很容易使商品拍得过亮或过暗，视觉上给人不舒服的感觉，无法看清楚形状、样式、材料和质感，如图 2-11 所示。

图 2-11　曝光不准确的商品照片

2. 商品颜色失真或模糊

由于色差严重使原本红色的帽子变成了深红色，色差过大会增加退换货的概率，也增加了客服的售后工作量。小茶叶罐拍摄得过于模糊，使人看不清楚上面的图案，并且给人一种廉价商品的感觉。颜色失真的商品照片如图 2-12 所示。

图 2-12　颜色失真的商品照片

3. 画面主体太小或过大

买家无法区分卖家卖的到底是毛衣还是毛线。毛巾与拖鞋在画面中所占的比例一样，两张照片都没有突出主体商品，所以在摆放商品时，衬托商品的道具不可喧宾夺主，主次不分，如图 2-13 所示。

图 2-13　主次不分的商品照片

4. 商品的摆放、道具搭配

商品采用有序列感和疏密相间的摆放方式，可以使画面显得饱满、丰富，而不失节奏感和韵律感，否则会显得过于呆板，如图 2-14 所示。

图 2-14　摆放呆板的商品照片

5. 拍摄背景与商品关系

拍摄网店商品常用的背景色有三种：黑、白、灰。这三种颜色是中性的，几乎适用于搭配所有的色彩。在网店的商品照片中经常用到的就是白色，其拍出的画面整洁清晰，被拍摄的商品主体突出，一目了然。如图 2-15 所示，其主体就不够突出，背景色的选择也不是很恰当。

图 2-15　失败的背景选择

6. 展示不够、角度不够、细节不够

如果拍摄的图片过少或者展示的角度不够多，忽略了细节图片的展示，买家很难通过这样一张图片来决定是否购买该商品。

7. 粗制滥造

没有认识到电子商务交易的本质，不重视电商，别人做我也做，自己不会又不舍得花钱，就用简单工具随手拍一下，如图 2-16 所示。

图 2-16　较随意的主图拍摄

因此，商品拍摄的总体要求是将商品的形、质、色充分表象出来，而不夸张。

形，指的是商品的形态、造型特征及画面的构图形式。

质，指的是商品的质地、质量、质感。商品拍摄对质的要求非常严格。体现质的影纹层次必须清晰、细腻、逼真。尤其是细微处，以及高光和阴影部分，对质的表现要求更为严格。用恰到好处的布光角度、恰如其分的光比①反差，以求更好地完成对质的表现。

色，商品拍摄要注意色彩的统一。色与色之间应该是互相烘托的，而不是对抗，是统一的整体，在色彩的处理上应力求简、精、纯，避免繁、杂、乱。

2.2 准备摄影器材

商品拍摄首先要了解最基本的器材配置。俗话说"工欲善其事，必先利其器"，要对数码相机、照明设备、辅助器材全面了解，这样才能开始进入商品拍摄的工作。

2.2.1 相机分类及选购要素

高性能的数码相机是拍出高品质的商品照片的首要因素。能够用于网店商品图片拍摄的相机，大致可以分为卡片机、手机、微单相机、数码单反相机。

卡片机具有外形小巧、机身较轻、携带方便、超薄时尚等特点，价格相对微单相机与数码单反相机便宜。但是由于机身小巧，镜头无法做大，导致成像质量和透光量无法提升，而且不可以更换镜头，因此拍出的照片质量一般。卡片机，如图 2-17 所示。

图 2-17 卡片机

手机的优点是机身轻薄、使用方便、快捷、随意性强，并且拥有网络功能等特点，部分 App 具有很强大的功能。手机的缺点也很明显，由于感光片过小，手机拍摄的照片噪点比较高，其成像效果不如数码单反相机，不过各大手机厂商都非常注重手机拍照功能的研发，手机的摄影效果也越来越好。手机拍照，如图 2-18 所示。

微单相机体积小，与数码单反相机具有相似的画质，并具有便携性、专业性与时尚相结合的特点。微单相机基本功能齐全、可更换镜头，其成像质量比卡片机要好许多，微单相机具备实时显示拍摄效果的功能，因此是一个入门的很好选择。微单相机，如图 2-19 所示。

图 2-18 手机拍照

数码单反相机（见图 2-20）拍摄出来的照片清晰度高，可以更换与其配套的各种镜头。同时数码单反相机具有很强的扩展性，除了能够使用偏振镜、减光镜等附加镜片，还可以使用专业的闪光

---

① 注：光比是摄影上重要的参数之一，指照明环境下被摄物暗面与亮面的受光比例。光比对照片的反差控制有着重要的意义。

项目二　商品信息数据采集

图 2-19　微单相机　　　图 2-20　数码单反相机

灯，以及其他一些辅助设备。数码单反相机的缺点主要在于机身笨重、不便携带和操作复杂。

2.2.2　光源

光线是摄影的"灵魂"，要拍出有质感的商品图片就要懂得恰如其分地运用灯光和控光器材构建巧妙的光线以塑造商品的质感、立体感、空间感。

1. 闪光灯

一般而言，我们会利用闪光灯对自然光线不足的情况进行补光。它在填充阴影、增亮背光拍摄对象等方面非常有用。接下来介绍一些常见的闪光灯。

内置闪光灯就是相机自身附带的闪光灯。相对于外置闪光灯来说，内置闪光灯功率低，照射范围小。内置闪光灯基本都被设置在单反相机正上方的位置，这在拍摄中显得极为受限。而且很多时候，正面补光时其位置并不是最佳位置，甚至是很糟糕的位置，直射闪光拍出的照片显得生硬、没有立体感。因此不建议在无任何柔光的情况下，直接用内置闪光灯给商品补光。单反相机的内置闪光灯，如图 2-21 所示。

图 2-21　单反相机的内置闪光灯

配有热靴插槽的相机，可以外插闪光灯与相机协调使用，如果机身有同步接口，也可以使用连闪线连接相机和闪光灯。微单相机的外置闪光灯，如图 2-22 所示。

影室闪光灯是高压大电流通过氙气灯管瞬间（1/800 秒到 1/2000 秒的时间内）放电发出强闪光，耗电很少而光强度非常高，如图 2-23 所示。影室闪光灯集造型灯泡和闪光灯泡为一体。造型灯泡提供持续的光源，光线强度较低，主要用于对焦。闪光灯泡提供高强度光，在拍摄中能够有效地还原商品的色彩。在专业的摄影棚里一般都使用影室闪光灯。影室闪光灯结构，如图 2-24 所示。

图 2-22　微单相机的外置闪光灯

043

图 2-23　影室闪光灯

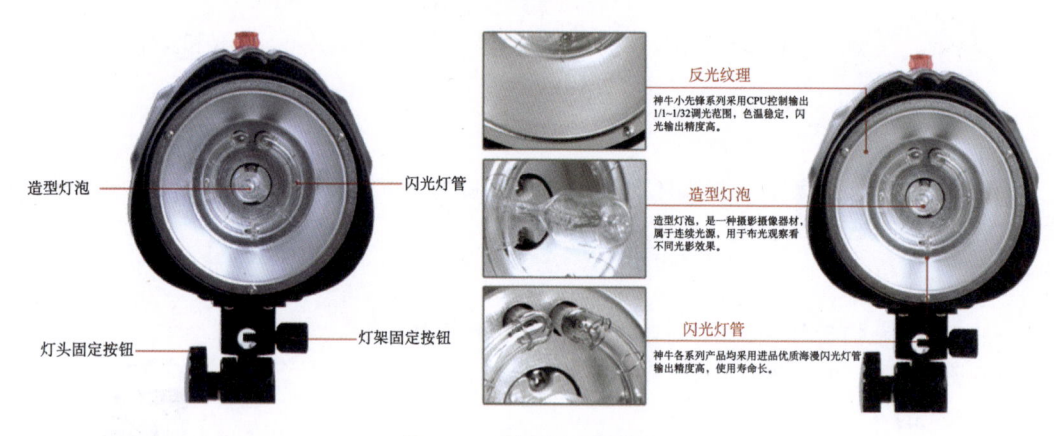

图 2-24　影室闪光灯结构

2. 辅助灯光器材

无论是连续光源还是瞬间光源，所能产生的灯光效果都是一定的。在实际的拍摄过程中，为了改善各种灯光的光质与色彩，可以使用灯光辅助器材对光线进行加工，以满足不同拍摄场景的需求。

（1）标准罩

标准罩的深度较大，口径较小，产生的光线较硬，光线方向性强，适合表现风格明快的物体。标准罩及拍摄效果，如图 2-25 所示。

图 2-25　标准罩及拍摄效果

（2）柔光箱

柔光箱是由反光布、柔光布、钢丝架、卡口组成的。柔光箱的作用就是柔化生硬的光线，使光质变得更加柔和。当使用柔光箱进行控光拍摄时，商品整体表面受光均匀。柔光箱及拍摄效果，如图 2-26 所示，裸灯与柔光箱拍摄效果对比，如图 2-27 所示。

图 2-26　柔光箱及拍摄效果

图 2-27　裸灯与柔光箱拍摄效果对比

（3）反光伞

反光伞是一种专用的反光工具，可以使光产生散射效果，在被摄物体上形成大面积的散射光。按伞面的内涂层颜色，可以分为银色、白色、金色、蓝色反光伞。使用反光伞作为辅助器材进行拍摄，正面光线明亮充足、柔和，阴影较淡，是理想人像摄影光源。反光伞及拍摄效果，如图 2-28 所示。

图 2-28　反光伞及拍摄效果

（4）束光筒

束光筒又称"猪嘴"，是防止光线扩散的工具，套在灯头上使用。束光筒常用于制造局部较强光，强调商品的局部。束光筒及拍摄效果，如图2-29所示。

图2-29　束光筒及拍摄效果

（5）反光板

反光板，可以让平淡的画面变得更加饱满，体现出良好的影像光感、质感。反光板通常分为金色、银色、白色、黑色4种类型，此外还有一种半透明的柔光板。反光板在外景拍摄中起辅助照明作用，有时作主光用。反光板及在外景中的使用，如图2-30所示，不同颜色反光板的作用，如表2-1所示。

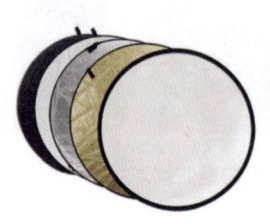

图2-30　反光板及在外景中的使用

表2-1　不同颜色反光板的作用

反光板类型	作用
金色	金色反光板主要用于在日光下补光，产生的光线色调较暖。它可以得到被摄物体的定向光线，也可以减少从背景到前景的曝光差别，不会使背景曝光过度
银色	银色反光板比较明亮，能产生更为明亮的光，是最常用的一种反光板。在拍摄人物时，能使被摄者的眼睛看起来很有神。在阴天的光线下也有好的反光效果
白色	白色反光板的反光性能不是很强，反射的光线显得柔和、自然。可以使用白色反光板对阴影部位的细节进行补光，让阴影部位的细节更多一些
黑色	黑色反光板与其他反光板不同，它不是为拍摄物增加光亮，而是运用"减光法"来减少光亮的，通过把黑色反光板放在被摄物体上的办法可以减少顶光
柔光板	柔光板主要用于柔和光线，适用于在太阳下或灯光直射下使用，主要用于柔和光线、降低反差

2.2.3 辅助拍摄器材

在商品拍摄过程中,为了保证照片的质量和实现一些特殊效果,除了需要配备高性能的数码相机和灯光设备,还需要借助辅助拍摄器材,保证相机和灯光设备能够发挥其应有的作用。

1. 三脚架

三脚架在商品摄影过程中是必不可少的器材,它的主要作用就是能稳定照相机;三脚架顶端用于固定相机的部分称为"云台",用于相机的稳定器,起到平衡与稳定作用。三脚架的构造和应用,如图 2-31 所示。

图 2-31 三脚架的构造和应用

2. 灯架

灯架在拍摄商品的过程中用途非常广泛,可以用于固定影室灯、柔光箱、闪光灯等灯光器材,还可以用于搭建摄影背景的支架。灯架的构造和应用,如图 2-32 所示。

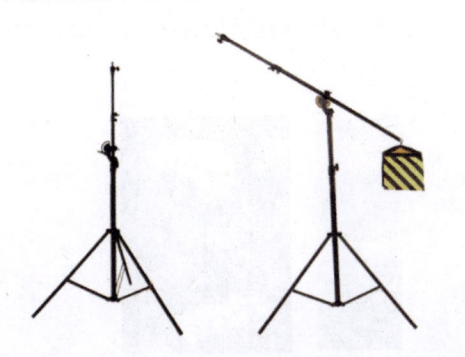

图 2-32 灯架的构造和应用

3. 引闪器

引闪器一般都是在影棚里配合各种灯具使用的。引闪器装在相机上，频段接收器链接其他闪光灯灯具。引闪器的主要用途是不希望闪光灯的实用性被局限，使用引闪器能够做出更多效果，而且令照片中闪光跟环境光融合得更自然。

引闪器通常是成对使用的，发射器安装在相机热靴上（也有连接 PC 端子的），起到发射闪光信号的作用，接收器安装在闪光灯上，起到接收引闪器信号的作用。引闪器的使用，如图 2-33 所示。

图 2-33　引闪器的使用

4. 静物摄影台

静物摄影台是放置商品和道具的专用平台，也是商品拍摄中常用的设备。摄影台一般由铝合金支架支撑，可以快速组装台板，后背可以根据需要自由控制俯仰的角度。静物摄影台的使用，如图 2-34 所示。

图 2-34　静物摄影台的使用

5. 各种摄影拍摄小工具

设置拍摄器材和打光的时候，各种摄影拍摄小工具可以帮助摄影师更加方便地完成工作。各种摄影拍摄小工具，如图 2-35 所示。

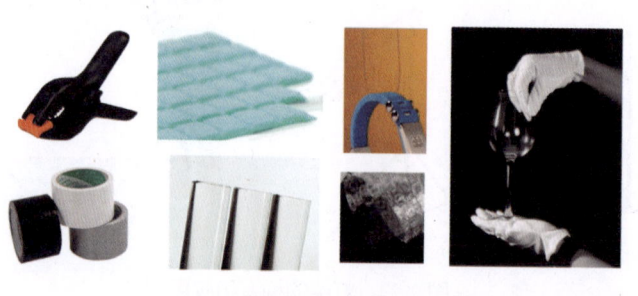

图 2-35　各种摄影拍摄小工具

2.2.4 拍摄环境道具

背景和道具是电商商品拍摄环境搭建中不可缺少的组成部分，通过拍摄环境的不同组合，可以拍摄不同种类的商品。

背景在商品拍摄中同样是不可缺少的，它作为商品的背景可以衬托出商品主体，但背景纸不宜太花哨，不能喧宾夺主，要简洁，颜色可以是白色也可以是彩色。各种拍摄背景布，如图2-36所示，不同颜色的背景纸，如图2-37所示，背景布拍摄应用案例，如图2-38所示，特殊材质背景布拍摄应用案例，如图2-39所示。

图 2-36　各种拍摄背景布

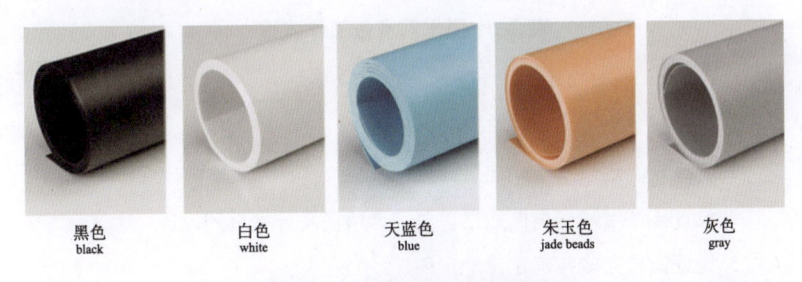

图 2-37　不同颜色的背景纸

图 2-38　背景布拍摄应用案例

图 2-39　特殊材质背景布拍摄应用案例

2.3　确定商品拍摄风格

实战拍摄前，摄影师有很多的工作需要处理，只有将前期工作做好了，才能拍出漂亮的商品照片，来激发买家的购买欲。摄影前准备工作流程，如表 2-2 所示。下面就来介绍一下拍摄前都需要做哪些基本的准备工作。

表 2-2　摄影前准备工作流程

摄影前准备工作流程				
岗位	人员	工作任务	完成时限	完成情况
设计美工		1. 与经理确定该淘宝网店页面设计风格		
		2. 设计该淘宝网店页面包括首页、详情页及分类页的设计		
		3. 经理审核完成并确定设计定稿		
商品摄影		1. 与经理及总监商讨确立本次商品的拍摄风格		
		2. 拍摄试光、平铺拍摄准备及模特造型等准备工作		
商品信息采集		1. 完成商品基础信息采集工作		
		2. 商品货号记录及款式分类		
		3. 商品测量		
商品拍摄准备		1. 整理需要拍摄的商品及记录下商品货号以备信息表格的建立		
		2. 完成整理、归类、挂烫等商品拍摄前的相关工作		
		3. 协助商品摄影做款式拍摄时间安排等		
商品搭配		1. 商品搭配		
		2. 商品搭配记录表制作		
工作形成结果：1. 商品目录；2. 商品尺寸表；3. 所拍商品记录品；4. 商品搭配记录表；5. 三种版面设计稿				

1. 了解商品的卖点

在拍摄前,我们需要全面了解商品,商品的卖点就是商品与众不同的特点,区别于其他相同类型商品的功能、优势、特色。在进行商品拍摄前,首先就要研究商品的形状、功能等属性,来寻找商品的卖点。

(1)商品的外观形态

商品的外观形态包括外形、款式、色泽、结构、尺寸和透明度。在展示商品外观时,要考虑商品的形状是否规则、软硬程度、是否有多种颜色、光泽度,以及是否透明。商品的外观形态,如图 2-40 所示。

图 2-40　商品的外观形态

(2)商品的功能

商品的功能是商品能够给使用者带来的用处、用途。通过图片展示商品功能时,需要详细了解商品的功能特点,并根据功能特色搭配道具,选择拍摄区域,再进行商品细节图片的拍摄。商品的功能介绍,如图 2-41 所示。

图 2-41　商品的功能介绍

(3)商品的材质

商品材质的好坏在消费者选择商品时起决定性作用。在拍摄时,可以通过光泽、纹理体现商品的质感,以表现材质的优良。商品的材质介绍,如图 2-42 所示。

图 2-42　商品的材质介绍

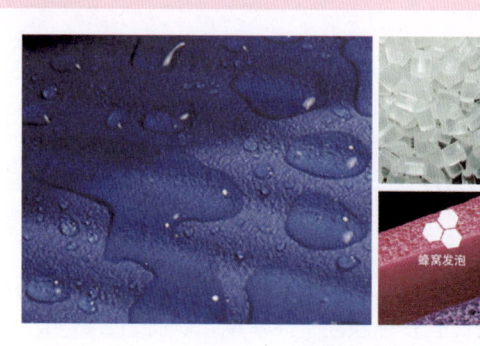

（4）商品的工艺

体现商品又一个卖点的就是商品的工艺，工艺好不好，是可以直接通过图片进行展示的。商品的工艺介绍，如图 2-43 所示。

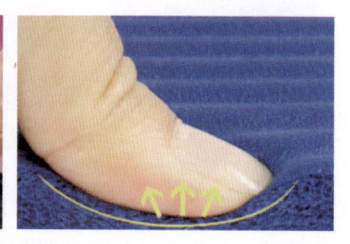

图 2-43　商品的工艺介绍

（5）商品的品牌

除了商品本身的属性特点，商品的品牌也可以进行塑造，很多知名品牌本身就是一个很好的卖点，通过营造特殊的品牌氛围，突出展示品牌形象，也会让消费者感受到品牌的时尚、尊贵。商品的品牌、标签、维护方法等介绍，如图 2-44 所示。

图 2-44　商品的品牌、标签、维护方法等介绍

2. 确定拍摄风格及拍摄前的准备工作

根据商品的类型、材质、功能的不同，拍摄的风格也会有所不同。拍摄之前，要构思好画面的拍摄风格，确定主体和陪体的布局，还有道具与背景的搭配运用、灯光的布局。根据所拍摄的商品，可以寻找一些同类商品卖家的照片或杂志做参考，并结合自己拍摄的商品特点，确定整体的拍摄风格。

商品拍摄的风格确立后，需要确定拍摄的具体内容和套图数量。拍摄商品的图片，应该根据商品的表面和内部结构的特点，以及需要展示的局部细节，来确定商品需要拍摄的内容，同时确定拍摄的图片张数。

在拍摄时，最好先将所有商品根据拍摄中的可变因素进行细致的分类，将商品的材质、大小和颜色的不同，以及反射率等放在一起综合考虑，进行一个共同的分类，然后再按照顺序进行拍摄。

分门别类后，有计划地按顺序进行拍摄，应该先从最简单、最容易操作和最容易表现的商品开始拍摄，然后再拍摄那些搭配复杂、需要用辅助器材才能拍摄的商品。

正式拍摄前，还需要对拍摄中所要使用的器材包括辅助配件进行检查以确保拍摄的顺利。根据室内或室外不同的拍摄环境来准备照明用具，进行室外拍摄时一定要多准备几个反光板，室内拍摄时，要准备好柔光箱、反光伞等辅助配件。

当前期准备工作就绪后，就要开始实际拍摄了。在拍摄中要对商品的布光与画面构图进行很好的设计。

2.4 环境与布光

商品拍摄是用光线来创作的。理解光的特质，有助于让我们提升作品的质感和深度。有关光线的话题，其实既严谨又复杂，这里用最简单的概念来让大家熟悉光源的种类。对光源有一个基本的认识，了解了光源种类后再选择好拍摄时所需要的光线，拍出精彩的好照片，创作独具个人特色的摄影佳作。

2.4.1 光源的种类

自然光就是指以太阳为光源照射到地球上的光线，不但指晴天的阳光，也包括阴、雨、雪、雾天气所反射出来的光线，还有夜晚的月光和室内没有人工照明时所见到的光线，这些皆属于自然光范畴。自然光对器材附件的要求较低。自然光的优点是不需要花费，亮度充足照射范围广。缺点也非常明显，即自然光拍摄受制于天气和时间，如正午的烈日并不适合拍摄、阴雨天气也不适合。

根据太阳和地面构成的夹角不同，可将全天直射的阳光的变化情况分为早晚、上下午、中午三个照明阶段。在不同的时间段，太阳光照射物体后产生的阴影也会有所不同。上午和下午是运用太阳光拍摄比较理想的时段。一天中各时间段光线角度的变化，如图2-45所示。

日出日落时，阴影会显得比较狭长。　　上午和下午的时候，阴影适中。　　正午的时候，阴影面积最小。

图 2-45　一天中各时间段光线角度的变化

自然光还有另外一个特点就是色温，色温会随着时间因素变化。在一天当中，随着时间变化，太阳的色温会产生变化，色彩自然也会随之变化。一天中太阳光色温的变化，如图 2-46 所示。

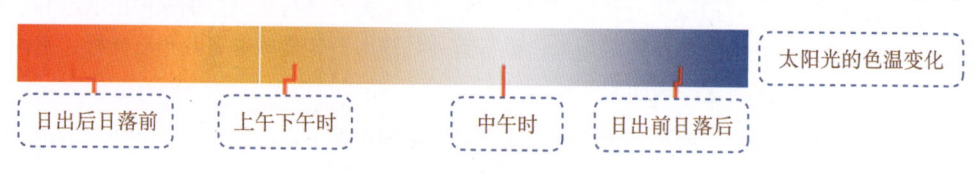

日出后日落前　　上午下午时　　中午时　　日出前日落后　　太阳光的色温变化

图 2-46　一天中太阳光色温的变化

目前商品拍摄照明多采用人造光，可以实现不受天气和时间的影响，人造光中最具有代表性的是电子闪光灯，电子闪光灯属于专业摄影设备。

闪光灯的优势在于亮度高；可以瞬间发出强闪光，也可以调整亮度大小参数；发热小；可以利用各种配件创造多样的效果。其缺点在于价格比较贵、占地空间大、控制光的知识专业性强。一些闪光灯的专业配件，如图 2-47 所示。

图 2-47　一些闪光灯的专业配件

对于初学者还可以尝试使用常亮灯，常亮灯属于连续光源，用于非专业摄影中，比较直观。优点在于价格比较便宜、比较直观。缺点在于亮度不够，某些效果需求力不从心、热量高。常亮灯的使用如图 2-48 所示。

图 2-48　常亮灯的使用

2.4.2　光质

光质指光线展现出来的一种特质，从光线的性质特点来分，光线有直射光、散射光和反射光 3 种。其中自然光线下的直射光、散射光对应摄影棚里照明光线的硬质光与软质光。硬质光可以用来展现商品表面质感，软质光可以用来展现商品细节。

硬质光的特点是能够产生浓重的、边缘锐利的阴影，在硬质光的照射下，场景明暗之间的分界线变得十分明确。硬质光能够增强商品的立体感，加强商品表面的质感。硬质光拍摄作品，如图 2-49 所示。

图 2-49　硬质光拍摄作品

软质光又称为软光，如果增大光源的面积，硬质光可以转变为软质光，光源增加的面积越大，光质越柔和。因此可以获得影调柔和的商品照片，同时由于阴影很少，因此商品的各种细节也可以得到充分、全面的展现。软质光拍摄作品，如图 2-50 所示。

2.4.3　光位

在我们生活的立体空间中，可以将它想象成一个圆形的球体，而我们所在的位置是在这个球体的剖面上。光源就在这个球体上移动。

图 2-50　软质光拍摄作品

在商品摄影中，光位决定着商品明暗所处的位置，同时也影响着商品的质感和形态。光位可以千变万化，但在商品与照相机位置相对固定的情况下，光位可分为顺光、侧前光、侧光、侧逆光、逆光、顶光和脚光 7 种。顺光不但影调柔和，同时还能很好地体现景物固有的色彩效果。在进行光线处理时，测光能够很好地表现出被摄体所产生的立体感、表面质感和轮廓，并能丰富画面的阴暗层次。商品摄影中用得最多的是顺光和侧前光。各种光位下的拍摄作品，如图 2-51 所示。

| (a) 顺光 | (b) 侧前光 | (c) 侧光 |
| (d) 逆光 | (e) 顶光 | (f) 脚光 |

图 2-51　各种光位下的拍摄作品

2.5　基本构图及商品摆放技巧

商品的摆放是陈列艺术，同样的商品用不同的造型、摆放方式和背景会带来不同的视觉效果。商品采用什么摆放角度和组合最能体现其产品性能、特点及价值，是在拿起相机拍摄前要思考的问题，因为商品摆放决定了照片的基本构图。

2.5.1　摆放角度

在拍摄商品照片之前，要为拍摄时的构图和取景做好前期准备工作。先将所要拍摄的商品、道具、外包装等进行合理的组合，设计出一个最佳的摆放角度来体现商品的性能、特点及价值。

一个六面体我们最多只能看到三个面，也就是物体的四分之三侧面，一般来说，物体的侧面表现力要好于正面。

人类的视觉习惯是视点朝下，在这种视觉习惯下我们看东西时眼睛会感到最轻松。对于有垂感的商品，人们习惯于把视点放在下垂的地方，因此，这类商品应注重竖向摆放。饰品类拍摄样例，如图 2-52 所示。

图 2-52　饰品类拍摄样例

如果正对着镜头拍摄，则照片效果过于端正，缺少情趣，会给人呆板的感觉，无法展示出商品的个性，那么可以将实物从包装中取出来，将包装斜着摆放，这样既可以将商品的侧面信息展示出来，让买家近距离地感觉到商品的立体信息，也可以给人以随意自然的感觉。产品侧拍样例，如图 2-53 所示。

图 2-53　商品侧拍样例

一些扁平的商品可以立起来摆放，这样看上去显得高档，并且一目了然，更加直观。扁平商品拍摄样例，如图 2-54 所示。

图 2-54　扁平商品拍摄样例

2.5.2　商品外形的二次设计

卖家在拍摄同种类型的多款商品时，简单的排列方式通常难以创作成功的造型设计。并列排列只是将几个物体进行简单罗列，缺乏彼此之间相互关系的看点和造型的美感。因此，在拍摄同种类型的多款商品时，应尽可能地将商品摆放得错落有致，避免死板地并列摆放物体。还可以根据商品的外部形态，重新进行造型设计，使商品呈现出独有的设计感和美感。皮带的各种造型拍摄样例，如图 2-55 所示。

图 2-55　皮带的各种造型拍摄样例

2.5.3　摆放的疏密与序列感

摆放多件商品（同类商品的陈列）将画面铺满，可以给人一种豪华的感觉，但是如果掌握不好或是摆放不当，容易让人感觉凌乱不堪。所以有序的、疏密相间的摆放可以使画面饱满，而又不失韵律感。商品的摆放拍摄样例，如图 2-56 所示。

图 2-56　商品的摆放拍摄样例

2.5.4　展示商品内部结构

买家在购买商品时，除了会关注商品外观形态，更注重商品内部的结构和其他细节，比如钱包有几层，可以放置多少张银行卡；书包内是否有隔层，内部面料是什么材质，等等信息。在拍摄时可以把商品打开进行摆放，将内部结构展示给买家，消除买家的担忧与顾虑。皮夹的内部展示样例，如图 2-57 所示。

图 2-57　皮夹的内部展示样例

2.5.5 选择合适的背景

拿到需要拍摄的商品时,首先要对商品的特征和性质进行了解,例如,这个商品的外观形状、颜色和特征,以及这个商品的功能或者用途,只有对这些内容做了全面的了解之后,才能够正确地选择背景烘托商品,得到我们所期望的效果。利用背景衬托产品的样例,如图 2-58 所示。

图 2-58 利用背景衬托产品的样例

2.5.6 巧妙地使用道具

拍摄单一的商品时,画面会显得比较单调,可以加入一些小道具进行搭配,使画面充实丰富,并且可以用来调节画面的构图与色彩对比。道具的选取一定要和拍摄的主题、场景环境相适应。道具不是越多越好,在画面中所占的比例也不要太大,切忌喧宾夺主。利用道具搭配食品的样例,如图 2-59 所示。

图 2-59 利用道具搭配食品的样例

对于服装类商品,使用最多的道具是模特。在网上购物时,为了让买家能够从各个侧面了解服装的款式特点,使用模特作为道具是必需的。

对于饰品,则可以选用人体的某个部位作为道具,因为饰品大多是戴在手腕、手指或者脖子上的,因此以饰品佩戴的相应部位作为道具也是常用的方式。利用模特表现商品的样例,如图 2-60 所示。

图 2-60 利用模特表现商品的样例

【思政园地】

科技强国篇——创新科技引领 赋能产业发展

职业素养

习近平总书记在党的二十大报告中指出："必须坚持科技是第一生产力、人才是第一资源、创新是第一动力,深入实施科教兴国战略、人才强国战略、创新驱动发展战略,开辟发展新领域新赛道,不断塑造发展新动能新优势。""嫦娥"揽月、"蛟龙"入海、"墨子"传信、"祝融"探火……新时代这十年,我国基础研究和原始创新不断加强,一些关键核心技术实现突破,战略性新兴产业发展壮大,载人航天、探月探火、深海深地探测、超级计算机、卫星导航、量子信息、核电技术、大飞机制造、生物医药等取得重大成果,我国进入创新型国家行列。

案例分析

提及影像器材,日系厂商在市场上占有绝对优势,我们熟悉的大部分影像产品都来自日系品牌,如佳能、索尼相机,但随着欧洲厂商的复兴以及中国新进品牌的出现,影像行业正在开始新一轮的全新洗牌。近年来,中国品牌集中在摄影辅助器材领域开拓进取,如三脚架、闪光灯、反光伞、背景布等摄影辅助产品,像思锐的三脚架、永诺的闪光灯、金贝的影室闪光灯,这些自主品牌在不断发展壮大。此外,国产厂商已经涉足更专业的高精尖摄影器材领域,众所周知的大疆,利用无人机产品为起点,逐步扩大影像产品范围,各类产品都有较强竞争力的创新产品,如无人机摄影产品、带稳定装置的电影摄影机产品、运动摄像机产品、云台摄像机产品，大疆已经通过多条产品线对传统的摄影器材品牌产生了挑战，将中国制造提升到了全新高度。

2023年，在阿里巴巴商家统一数据产品平台——"天猫生意参谋"的"数码相机/摄像机"品类品牌交易指数榜TOP5中首次出现国产影像品牌的身影，该品牌为影石Insta360。该榜单长期为日本、欧美影像品牌占据，这可能是中国相机制造商首次进入销量榜单前五。榜单信息显示：作为唯一入榜的中国影像品牌，影石Insta360近期连升4名，超越日本适马、德国徕卡、美国GoPro等品牌，跻身第5名。在榜单排名前10当中，共计有7个日本品牌、2个欧美品牌，均为老牌相机制造商。影像领域曾经是日本、欧美品牌常年唱独角戏的舞台，近年来，前有大疆在无人机领域成为市场霸主，后有影石通过全景、运动相机切入市场，都是中国科技品牌崛起的写照。

大疆Mini 4 Pro无人机如图2-61所示，影石GO系列产品"拇指相机"GO 3，如图2-62所示。

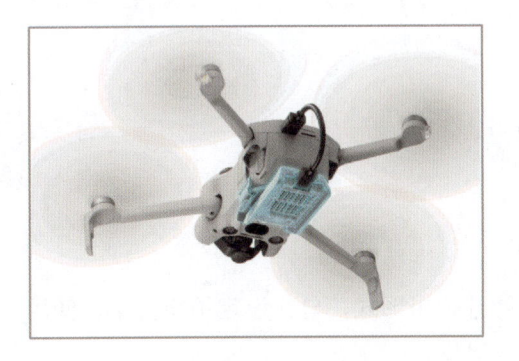

图2-61 大疆Mini 4 Pro无人机　　　　　图2-62 影石GO系列产品"拇指相机"GO 3

总结

近年来，我国大力实施创新驱动发展战略，推进科技创新和转型升级，在量子信息、人工智能、生物技术等领域，我国取得了一批重大原创性成果。同时，我国也在高铁、核电、5G等领域实现了重大技术突破，形成了一批具有自主知识产权的核心技术。今天，放眼神州大地，"中国芯""智能造""未来车""数据港"等硬核技术加快发展，科技创新按下了"快进键"，中国正向着世界科技强国的宏伟目标大步迈进。

【实训案例】

1. 实训背景

小婷在学习了商品信息采集的基础知识后，部门经理为了使她能进一步掌握相关的理论并应用到实践中，为今后的培养打好基础，便指派小婷作为拍摄助理，协助学长完成包装及商品的信息采集。作为助理，将在商品信息采集中承担搭建拍摄环境、做好文档记录及参与商品摆放的构图设计等辅助性工作。这是初学者快速融入角色、提升技能的有效途径。这一实训的考核可以分阶段进行，每完成一部分实践的操作由导师进行点评，并将完成时的场景记录存放在文件夹内。

2. 实训目标

- 掌握相机的基本使用方法。
- 掌握商品摆放、基本构图法。

3. 实训步骤

本实训以个人为单位进行，参考淘宝上商品图片拍摄形式，自行设定拍摄方案，使用专业设备，并结合图片处理软件，完成商品的信息采集。

（1）以个人为单位，查询相应类目淘宝主图的要求，总结本类目下主图的拍摄风格。

（2）汇总本类目下主图的拍摄风格，设计并制订拍摄方案。

（3）按照拍摄方案准备拍摄环境、拍摄道具。

（4）使用专业相机进行拍摄，并做好商品 sku 和图片编号的记录。

（5）对拍摄好的图片进行处理，制作成 1000px×1000px 的商品主图。

03

项目三
店铺的视觉定位

【学习目标】

1. 了解视觉定位的目标和意义。
2. 了解视觉定位的原则。
3. 掌握视觉定位的分类。
4. 掌握视觉定位的要素。
5. 掌握电商首页中店标、店招、页尾的设计。

【引导案例】

视觉定位的价值

在传统的商业模式中，流行着这样一句话：酒香不怕巷子深。换句话说，一件商品的价格最终是由其价值决定的。只要商品的价值和口碑好，最终都会得到市场的认可。然而，在电商模式中，首先决定商品价格的，往往不是商品的价值，而是它的视觉定位。下面我们来做一个简单的对比测试。

对比图3-1和图3-2所示两张图，大家觉得哪张图传达出来的价值感更高，哪个会让你觉得价格更高？毫无疑问，图3-1所示页面的商品价格会更高。至于图3-2所示页面给人的感觉则是在清仓甩货处理，突出的就是商品价格低。两张图片上的视觉差距带来了不一样的客户体验。

图3-1　皮草页面一

图 3-2　皮草页面二

　　由此我们可以得出一个结论：店铺的视觉定位决定了你的整体商品价值和价格，视觉感觉决定了客户对你的第一印象。

【任务分析】

1. 视觉定位的目的和意义。
2. 视觉定位原则。
3. 视觉定位的分类。
4. 视觉定位的要素。
5. 店标设计。
6. 店招营销设计。
7. 店铺页尾营销设计。

【任务学习】

3.1　视觉定位的目的和意义

　　视觉营销由来已久，是归属营销技术的一种方法，更是一种可视化的视觉体验，指通过视觉达到商品营销或品牌推广的目的。换句话说，视觉营销是指通过视觉的冲击和审美视觉感观以提高消费者（潜在的）兴趣，从而达到商品或服务的推广。它存在的目的是最大限度地促进商品或服务与消费者之间的联系，最终实现销售（购买），同时它也是提升视觉冲击影响品牌文化的手段之一。

　　随着电子商务的快速发展，视觉营销也逐渐融入互联网世界，变得更抽象和多元，且越来越被重视。天猫店铺的视觉营销集交互设计、消费者体验和信息架构为一体，重点在于消费者视线和心理的把控。

消费者在购物时基本遵循以下的流程：商品有选择性地进入消费者视线→消费者有选择性地接收信息到大脑→传达的信息刺激消费者，从而产生购买欲望→最终形成购买。同一页列表中有多个商品，消费者会因为种种原因过滤或忽略一些商品，只观察个别商品，消费者也会选择性地关注宝贝描述中的商品信息。那么如何在万千店铺或商品中脱颖而出呢？如何让消费者接收到你最想表达的信息呢？如何刺激消费者的购买欲望？这就是店铺视觉要做的工作和存在的意义。

好的视觉可以提升店铺或商品的点击率，加强店铺访问深度和访问时间，降低跳失率，增加商品溢价，最终提高转化率。

另外差异化的品牌视觉定位，能让目标消费者非常直观有效地和竞争品牌区分开来，通过持续差异化的视觉传达，还能让目标消费者的黏性和归属感更强，为商家建立品牌核心竞争力和搭建竞争壁垒助力。

何为定位？定位就是让品牌/商品在消费者的心智中占据最有利的位置，它是品牌建设的基础，也是店铺经营的前提，关系到店铺在市场竞争中的成败，因而越来越受到企业的高度重视。可以说店铺经营的首要任务就是店铺定位。

1. 店铺定位是联系店铺形象与目标市场的纽带

店铺定位通过对店铺整体形象及商品的设计而使之更贴近目标消费者的心理感受，对目标消费者的心智和情感进行管理。一方面，目标市场是店铺定位的依据和归宿；另一方面，店铺形象需要通过品牌设计和产品设计来完成，即恰当的店铺设计有助于在目标消费者心中形成良好的店铺形象。因此，店铺定位是联系品牌形象与目标市场的纽带，是寻求将店铺形象与目标市场实现最佳结合的过程。

2. 店铺定位是确立店铺品牌个性的重要途径

科学技术的飞速发展使同类商品的质量和性能十分接近，同质化现象越来越严重，已无法满足消费者在情感和自我表达上的需求。因此，品牌的情感诉求已成为品牌竞争的焦点之一，品牌个性则是品牌情感诉求的集中体现。那么，如何凸显店铺品牌个性呢？这就需要进行店铺定位。店铺定位清晰，品牌个性就鲜明，店铺定位不明确，品牌个性就模糊。可见，店铺定位是确立品牌个性的重要途径。

3. 店铺定位是店铺占领市场的前提

经过店铺定位，品牌个性和商品就可以通过差异化，从商品特征、包装、服务、风格视觉等多方面进行研究，并顾及竞争对手的情况，努力在目标消费者心中占据一个有利的位置，就可以使消费者的心理与之产生共鸣，接受和认可商品和品牌。店铺定位的目的在于在竞争红海中，找出缝隙市场，塑造良好的品牌形象，让消费者产生永久的魅力，吸引消费者，使消费者产生购买欲望，做出购买决策，充分体验品牌定位表达的情感诉求。赢得消费者，就意味着赢得市场竞争的胜利。

4. 店铺定位是品牌传播的基础

品牌传播是指借助于广告、公关等手段将所设计的品牌形象传递给目标消费者，店铺定位是指让所设计的品牌形象在消费者心中占据一个独特的、有价值的位置，二者相互依存，密不可分。一方面，店铺定位必须通过品牌传播才能完成。因为只有及时准确地将企业设计的品牌形象及商品服务传递给目标消费者，求得消费者的认同，引起消费者的共鸣，该定位才是有效的。另一方面，品牌传播必须以店铺定位为前提，店铺定位决定了品牌传播的内容。若离开事先的品牌整体形象设计，品牌传播就失去了方向和依据。因此，店铺定位是品牌传播的基础。

不管是新电商平台、线下传统渠道，还是两者结合的O2O模式，要想长久经营下去，并在市场上占据一席之地，就必须要在有效的市场环境中抢先占领目标消费群体的心智。因此在店铺定位的过程中，一方面需要明确及熟悉目标市场，另一方面需要对目标消费群体的需求特性有明确的把握。

3.2 视觉定位原则

1. 容易识记原则

这是店铺设计的首要原则。一家不能让消费者轻易记住的店铺在设计上是失败的。店铺便于识记，不但有利于吸引消费者进店购物，还减少了消费者二次购物的寻觅时间，有利于拉回头客。在口头传诵时也利于消费者描述。

因此，店铺设计不宜过于繁杂，色彩要协调，标志要简洁易懂。这样有助于信息迅速传递，并深化消费者对店铺的记忆。

2. 一致性原则

店铺的风格、文案、海报、宝贝详情的设计应当与店铺的市场定位、经营理念、品牌理念和商品风格保持一致。遵从一致性原则有利于树立品牌形象，增强消费者的信任感，吸引目标消费者。

3. 差异化原则

店铺在进行视觉设计时，必须把握差异化的定位原则，使自己的店铺与其他店铺有差异。店铺只有设计出与众不同的形象，展示自己的经营特色，树立个性化的风格，使用特色的色彩、模特拍摄或者页面设计等，才能让消费者迅速地识别店铺的经营特色和风格。

4. 人性化原则

视觉设计，要考虑消费者的视觉浏览习惯，尤其是移动端，在相对于PC端而言的小屏幕上，图片排版、字体大小、图片高度尺寸等视觉的交互设计就更要人性化。

5. 效率原则

在流量更加碎片化及流量成本居高不下的时代,视觉高关联高转化的原则依然是不变的。所以在做视觉定位的时候,一方面,商家依然要考虑调性和销量的平衡点;另一方面,在营销的视觉上,要注重高关联率及店铺的高动销率。

3.3 视觉定位的分类

店铺定位,无论是传统实体店还是电商店铺,主要可以分为两类:一类是品牌型店铺,还有一类是营销型店铺。图 3-3 所示的苹果线下品牌店效果图,采用的是众多品牌型实体店的装修风格,给人一种高端大气的感觉,店内布置和服务也相对较为全面周到。图 3-4 所示的是众多超市等营销型店铺的装修风格,给人一种抢购热销的氛围。

图 3-3 苹果线下品牌店效果图

图 3-4 超市店内效果图

3.3.1　品牌型店铺

所谓品牌型店铺，就是突出品牌优势，特别是与同类商品相比具有的竞争力，来达到区分店铺的目的。一般品牌型店铺的价格略高于同类商品，在商品设计、生产工艺、服务上具有优势，因此设计此类店铺，需要突出这些优势，弱化价格敏感度。

此类店铺往往给顾客创造了品牌强、商品质量优、服务好的印象。其设计应偏向于简约、干净，尽量将价格转移到价值上，弱化促销价格。苹果京东自营旗舰店首页，如图 3-5 所示，NIKE 官方旗舰店首页，如图 3-6 所示。

图 3-5　苹果京东自营旗舰店首页

图 3-6　NIKE 官方旗舰店首页

3.3.2　营销型店铺

所谓营销型店铺，要突出价格优势，特别是与同类商品相比具有的竞争力，从而达到区分店铺的目的。一般营销型店铺的价格略低于同类商品，同时需要营造一种热卖的气氛，因此在视觉设计上需要将促销做得更吸引人。

此类店铺往往给顾客打造热闹的促销氛围，营造围观效应，突出低价的感觉。小米官方旗舰店首页，如图 3-7 所示，三只松鼠旗舰店首页，如图 3-8 所示。

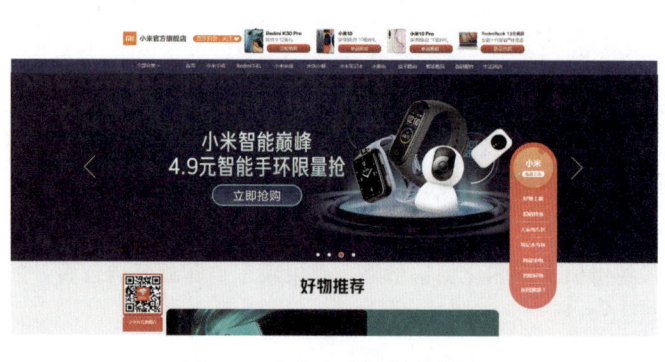

图 3-7　小米官方旗舰店首页

图 3-8　三只松鼠旗舰店首页

3.4　视觉定位的要素

一个能被顾客永久记住的店铺，往往有其比较有代表性的记忆点，而这些记忆点就是店铺定位需要重点考量的。例如可口可乐，每当提起这个名字的时候，大家脑海里首先浮现的一定是可口可乐经典的玻璃瓶、红色包装、Coca-Cola 的英文 logo、冒着气泡的画面、喝进嘴里的口感，等等，如图 3-9 所示。

如果我们去分解这些品牌的记忆点，就会发现存在一些共性的要素。从视觉设计角度来看，最基本的要素有两个：色彩和字体。

3.4.1　色彩搭配

通过对诸多品牌商品页面进行分析后会发现，如何通过视觉设计快速建立一个品牌的店铺定位，色彩搭配是至关重要的。而且，一个能够被顾客所熟知的店铺，它所采用的色彩搭配也存在一定的固有模式，不会随意变更。例如可口可乐，它的商品页面和宣传海报会一贯地坚持以红色和白色为主要配色，如

图 3-9　可口可乐

图 3-10 所示。

图 3-10　可口可乐宣传页面

那么，如何选择自己店铺的色彩搭配呢？我们可以从两个方面来进行选择：一方面是从色彩关系的角度来考虑；另一方面则是从色彩的寓意角度来选择。

首先，色彩的关系有类似色、互补色和渐进色。何为类似色、互补色和渐进色呢？我们可以从图 3-11 所示的伊登色环上来看。类似色是指色环上相邻的几种颜色，如最上方的红色、橙色和黄色。互补色则是色环上相对位置上的颜色，如绿色和洋红色。而渐进色则是指同一个颜色不同的饱和度所产生的不同色彩，如同一个蓝色，越靠近色环外侧颜色越浓，越靠近色环中心颜色越淡。

依据色彩关系，我们可以选择一种搭配方法作为主要配色，另外一种搭配方法作为辅助配色。立顿官方旗舰店首页，如图 3-12 所示，主要色彩为黄色和绿色，采用的是类似色配色方法。而羽博官

图 3-11　伊登色环

方旗舰店首屏（见图 3-13），则大面积采用了黄色作为主色调，而人物商品背景色采用的是青色和洋红色作为互补色来进行搭配的，画面显得格外耀眼和富有青春洋溢的气息。

其次，我们也可以从色彩的寓意角度，进行色彩搭配选择。色彩寓意就是指不同颜色具有不同的寓意，属于心理学范畴，如红色寓意着热情、激动、轰轰烈烈，橙色寓意着激情、狂热、动感等，可以以颜色的喜好判断人的性格倾向。

图 3-12 立顿官方旗舰店首页

图 3-13 羽博官方旗舰店首屏

红色（red）：热情、激动、轰轰烈烈，容易鼓舞勇气，同时也很容易生气，情绪波动较大，西方以此象征牺牲、战争之意，在东方则代表吉祥、乐观、喜庆之意，红色也有警告的意思。

橙色（orange）：激情、狂热、动感，有种让人产生速度与激情的感觉。

蓝色（blue）：宁静、自由、清新，欧洲以此作为对国家忠诚之象征，一些护士穿的护士服就是蓝色的；在中国，海军的服装也是海蓝色的。深蓝代表孤傲、忧郁，浅蓝色代表天真、纯洁；同时蓝色也代表沉稳、安定与和平。

绿色（green）：清新、健康、希望，是生命的象征；代表安全、平静、舒适之感。

紫色（purple）：可爱、梦幻、高贵、优雅，代表着非凡的地位。一般人喜欢淡紫色，它让人有愉快之感；而红紫一般人都不太喜欢，不易产生美感。紫色有高贵高雅的寓意，曾是西方帝王家的专属颜色。

黑色（black）：深沉、压迫、庄重、神秘、无情色，是白色的对比色。有一种让人感到黑暗的感觉，如和其他颜色相配合含有集中和重心感，在西方用于正式场合。

灰色（gray）：高雅、朴素、沉稳，代表寂寞、灰心丧气，灰色使人有现实感，也给人以稳重安定的感觉。

白色（white）：清爽、无瑕、冰雪、简单，是黑色的对比色，给人以纯洁及轻松、愉悦之感。浓厚的白色会给人以壮大之感，有种冬天的气息。在东方，它象征着死亡与不祥之意。

粉红（pink）：可爱、温馨、娇嫩、青春、明快、浪漫、愉快。但对不同的人感觉也不同，有些房间如果搭配好的话，会让人感到温馨，没有搭配好的话，会让人感到浮躁。建议最好不要用粉色来装修客厅。

黄色（yellow）：灿烂、辉煌，有着太阳般的光辉，象征着智慧之光。黄色象征着财富和权力，它是骄傲的色彩。在东方，黄色代表尊贵、优雅，是帝王御用颜色；是一种可以让人增强食欲的颜色；而西方基督教则以黄色为耻辱象征。

棕色（brown）：代表健壮，与其他色不发生冲突，有耐劳、沉稳、暗淡之情，因与土地颜色相近，给人以可靠、朴实的感觉。

银色（silver）：代表尊贵、纯洁、安全、永恒，体现品牌的核心价值，也代表高贵、神秘、冷酷，给人以尊崇感。

3.4.2 字体选择

字体是企业形象识别系统中的基本要素之一，应用广泛，常与标志联系在一起，具有明确的说明性，可直接将企业或品牌传达给观众，与视觉、听觉同步传递信息，强化企业形象与品牌的诉求力，其设计的重要性与标志具有同等重要地位。

中文字体大体上可以分为三类：古代字体、现代字体和形变字体。中文古代字体包括宋体、楷体、草书、行书、篆书、隶书等。现代字体则主要指各种各样的黑体。形变字体包括综艺体、胖娃、水滴等美术字体。

英文字体也同样可以分为三类：古代字体、现代字体和形变字体。英文古代字体主要指罗马体这一类有衬线的字体。现代字体则主要指各种各样的黑体、无衬线字体。形变字体指手写体等各类美术字体。

而字体在使用过程中，也有一定的使用逻辑。不同的字体适合不同的主体。如主体面向的性别不同，则使用的字体也应不同。男性主题的视觉页面中的字体，应尽量使用粗犷有力的字体，而女性主题的视觉页面中的字体则应该使用纤细委婉的字体。示例如图3-14和图3-15所示。

图 3-14　男性主题页面字体　　　　　　图 3-15　女性主题页面字体

一些高端、高贵主题页面中的字体，较多地会采用较为纤细优美的字体，显得干净利落。示例如图 3-16 和图 3-17 所示。

图 3-16　奢侈品箱包页面字体　　　　　　图 3-17　时尚腕表页面字体

而一些传统品类页面，则可以使用书法体等古代字体，来表现古典、洒脱、优雅等气质。示例如图 3-18 所示。

图 3-18　古代字体使用页面

3.5 店标设计

淘宝店铺标志可简称店标,尺寸为 100px×100px。一个网店的店标可作为一个店铺的形象参考,给人的感觉是最直观的。店标代表着店铺的风格、店主的品位、主营类目的特性等,体现店铺品牌文化与特色的同时也可起到宣传作用。

当用户在 PC 端搜索淘宝网站中的店铺名时,搜索结果中有店标、店铺名称、主营等信息,如图 3-19 所示。

当用户使用手机淘宝 App 搜索店铺名时,搜索结果中有店标、店铺名称、主图等信息,如图 3-20 所示。

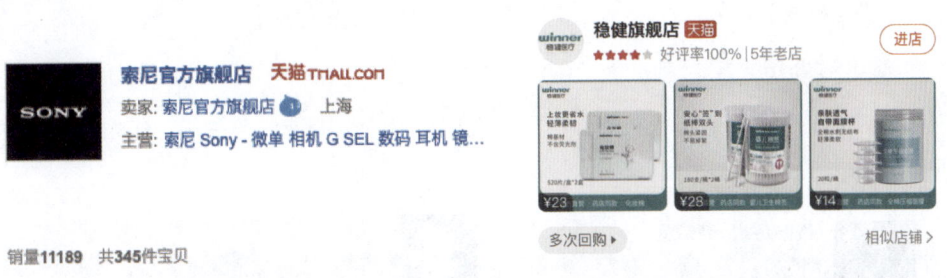

图 3-19　PC 端店标展示

图 3-20　移动端店标展示

3.5.1　店标案例分析

店标设计应合理搭配颜色,配合字体,清晰体现行业特点,反映目标群体需求。下面分析成功与失败的案例,帮助大家总结店标的设计方向。

1. 成功案例分析

茵曼旗舰店的店标有两版如图 3-21 所示,图 3-21(a)中文字做了圆润、拖尾的处理,体现出女性的柔美。图 3-21(b)右上角的棉花图案体现店铺主张原创都市自然风,素雅而不简洁,个性而不张扬。

(a)　　　　(b)

图 3-21　茵曼旗舰店店标(女性相关行业店标展示)

GXG 官方旗舰店店标如图 3-22 所示,以黑色为主色,字体棱角分明,体现了该目标群体阳刚、力量等特点。

奇异之家旗舰店店标如图 3-23 所示，该店标与店铺主营商品相呼应，使店标更有辨识度，从而加深顾客印象。

图 3-22　GXG 官方旗舰店店标（男性相关行业店标展示）

图 3-23　奇异之家旗舰店店标（水果相关行业店标展示）

2. 失败案例分析

有些店铺店标选择了毫无意义的文字、图案，它们与店铺无任何关联，让人无法记住，如图 3-24 所示。

(a) 文字　　　　　　　　　　　　　(b) 图案

图 3-24　无意义型店标示例

有些店铺店标完全没有起到标识店铺的作用，如图 3-25 所示，图 3-25（a）中的招牌店标与店铺所售日用品无任何联系，图 3-25（b）中的天猫儿童节图标与所售数码产品无任何联系，这样的店标设置易误导消费者。

(a)　　　　　　　　　　　　　　　(b)

图 3-25　误导型店标示例

3.5.2　店标设计形式及要点

1. 店标设计形式

店标作为一个店铺的形象标志，给人的感觉是最直观的。店标可以代表店铺的风格、店主的品位、商品的特性，还可起到宣传的作用。一个具有个性、明了的店标会增添店铺的点击率。

店标根据其内容分为三种：纯文字店标、纯图案店标、图文组合店标。

（1）纯文字店标

纯文字店标是以文字和拼音字母等元素构成的，适用于多种传播方式，在品牌店铺中应用很广泛，如图3-26所示。

图3-26　纯文字店标

（2）纯图案店标

顾名思义，纯图案店标仅用图形来构成标志。这类店标色彩明快，比较形象生动，且不受语言限制，非常易于识别。但图案标志没有名称，因此表意上不如文字标志准确，如图3-27所示。

图3-27　纯图案店标

（3）图文组合店标

图文组合店标就是指由文字和图案组合而成的标志。这类店标结合了文字及图案标志的特点，图文并茂，形象生动，又易于识别，如图3-28所示。

图3-28　图文组合店标

2. 店标设计要点

（1）店铺名相关

通常，在制作店标前我们已确定好店铺名称，这里可以结合店铺名称制作店标，一般取店铺名称的两个或三个字。如图3-29所示，店铺名绿联数码旗舰店取"绿联"两字作为店标的主体，既清晰又易识记。

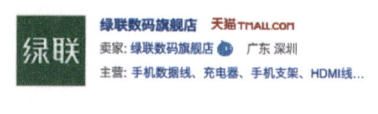

图3-29　店铺名相关的店标设计

（2）品牌相关

根据店铺相关的商品品牌制作店标是非常简单的，此类店标能突出店铺主营商品，吸引消费者购买。但是，这里需要注意的是商品品牌图标有限，很容易出现你制作的店标与其他店铺店标类似的情况，如图3-30所示。所以在制作品牌相关的店标时注意要与其他同品牌店铺区分，不要出现多家店铺使用同一品牌店标的情况。

图3-30　品牌相关的店标设计

（3）商品相关

根据店铺的主营产品制作店标，让消费者清晰了解店铺定位。如图3-31所示的店标，可以看出店铺的主要商品为帽子。

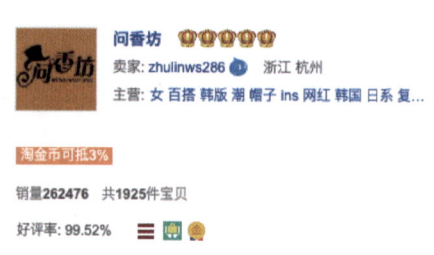

图3-31　商品相关店标

3.5.3 店标设计规范

了解了店标设计形式及要点,接下来需要熟悉平台对店标的设计规范,因为不符合要求的将受到相应的处罚。

淘宝店标页面设置内容规范如下。

①未经淘宝许可,店标页面禁止使用含有"淘宝网特许""淘宝授权"等含义的字词。

②店标页面禁止使用淘宝网或其他网站信用评价的文字和图标。

③未经许可,严禁使用"淘宝网"专用文字和图形作为店铺宣传的文字和图形。

④店标页面中禁止使用带有种族歧视、仇恨、性和淫秽信息的语言。

⑤店标页面禁止使用不良言辞。

⑥店标不得使用下列文字、图形:同中华人民共和国的国家名称、国旗、国徽、军旗、勋章相同或者近似的;同外国的国家名称、国旗、国徽、军旗相同或者近似的;同政府间国际组织的旗帜、徽记、名称相同或者近似的;同"红十字""红新月"的标志、名称相同或者近似的;同第三方标志相同或者近似的,例如,中国邮政、中国移动等;带有民族歧视性的;夸大宣传并带有欺骗性的;有害于社会主义道德风尚或者有其他不良影响的;如用户或店铺不具有相关资质或未参加淘宝相关活动,不允许使用与特定资质或活动相关的特定含义的词汇,例如,淘宝商城、消费者保障计划、先行赔付等;县级以上行政区域的地名或者公众知晓的外国地名,不得作为店标(地名具有其他含义的除外,已经注册的使用地名的店标继续有效)。

3.6 店招营销设计

店招就是我们通常所说的店铺招牌,它是一个店铺文化的缩影,会显示在每个商品页面的最上方。一般都有统一的大小要求,以淘宝网来说,店招大小为950px×150px,格式为jpg、gif(淘宝网自身有Flash的店招)。卖家往往会追求店招的吸引性,由此,便滋生出了许多网店美工,店招也更加形象生动化。

3.6.1 店招案例分析

店招应该要起到信息宣传的作用,但是淘宝上很多店铺的店招虽然做得很漂亮,却并没有起到传达足够信息的作用。

1. 成功案例

店招是传达店铺信息、展示店铺形象的最重要部分。一个好的店招可以在第一时间提供给顾客很多方便,如店铺收藏、店铺分享、购物车等基本按钮的指引,或者有店内活动公告、宝贝打折、

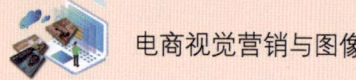

促销等种种相关消息提示，如图3-32所示。因此，店铺招牌要真正发挥招揽顾客的作用，在设置时需要遵循"明了、美观、统一"的原则。"明了"就是要把主营商品用文字、图像明确地告知顾客，而不是过于含蓄或故弄玄虚。"美观"主要指图片、色彩、文字的搭配要合理，要符合大众审美。"统一"就是招牌要与整个网店的风格一致。

图 3-32　店招成功案例

2. 失败案例

下面以失败的店招案例分析店招需要注意的地方。如图3-33所示的店招，主题不明，喧宾夺主。

图 3-33　店招失败案例

店招上布满信息，这样的布局由于信息过多过杂，且导航未分类，没有很好的分层，往往容易使人头晕眼花，不能获得很好的表达效果，如图3-34所示。

图 3-34　店招布满信息

3.6.2　店招设计形式及要点

不管客户从哪个流量入口进来，都会看到店招。作为整个店铺曝光量最大的一个板块，店招至少要突出店铺品牌和商品定位，也就是要让人一看就知道你的店名是什么，卖什么商品。

①如果是品牌型店铺，则主要突出商品的品质和品牌形象，如图3-35所示。

图 3-35　品牌型店铺店招

②如果是营销型店铺，则主要突出店内活动，或某一个爆款单品，如图 3-36 所示。

图 3-36　营销型店铺店招

③在店招内增加功能性内容，可以提高客户体验度，如将店内搜索放在店招中，方便买家搜索，同时也能有效防止客户在店铺最上方搜索，从而出店，如图 3-37 所示。

图 3-37　增加搜索栏

下面介绍几种常见的店招布局。

（1）极简布局

极简布局的店招信息应简单明了，除了店名外没有过多的干扰，大气直观，如图 3-38 所示。这种布局常被有较大知名度的品牌店铺使用。

图 3-38　极简布局示例

（2）简洁布局

简洁布局强调品牌 logo 和广告语，部分店铺会添加收藏链接、搜索栏等一些小控件，如图 3-39 所示。

图 3-39　简洁布局示例

（3）促销活动布局

在基础布局上添加促销信息或活动商品，如图 3-40 所示。添加这些信息时需要注意留白，不然很容易达到反面效果。

图 3-40　促销活动布局示例

（4）左中右布局

左中右布局是将店招内容分为三块，如图 3-41 所示。

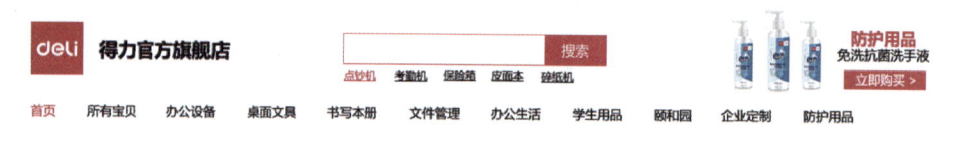

图 3-41　左中右布局示例

3.6.3　导航菜单营销设计

1. 导航菜单营销设计

简单直观的导航不仅能提高网店的操作性，而且方便客户找到所需信息，有助于提高用户转化率。

2. 导航设计的基本原则

在设计导航时为了保证导航的有效性，并发挥导航的营销作用，需要注意以下基本原则。

①明确性：让顾客明确店铺经营的主要商品范围；清楚或了解自己所处的位置等，这些就是指导航的明确性，只有明确的导航才能真正起到引导顾客的作用。

②可理解性：导航应该是易于顾客理解的，无论是使用文字、图片或按钮，都需要注意使信息简洁清楚，避免使用无效信息。

③完整性：导航必须具体、完整，可以让浏览者获得整个网店范围内的导航，涉及网店中全部的信息及关系。

④易用性：导航系统应该容易进入也容易跳转。

3. 导航所包含的信息

顾客通过页头的店招与导航的链接，可直达各个页面。因此，通常的做法是将店招和导航结合在一起，虽然页头只占据店铺 150 像素的高度，但却相当于网店的门户，所以不容小觑。

导航菜单把网店里的商品按一定标准进行分类，就像超市里有食品区、日用品区、家电区一样，对网店来说，合理的分类一方面便于顾客查找，另一方面有利于卖家促销。合理分类的主要原则是标准统一，如女性饰品店，可按商品属性如发夹、项链、戒指等来分类；化妆品店可按使用效果如美白系列、祛痘系列、抗皱系列等来分类。此外，在分类排列时，可把新品、特价商品等较易引起顾客兴趣的重要信息放在相对显眼的位置，如图 3-42 所示，这样容易受到顾客的关注。

图 3-42　新品、特价等重要信息放在相对显眼的位置

上面讲的是常规导航分类，还有一些店铺根据自身特色，制作出了与众不同的独特导航。在二级分类中添加促销商品，利用每个可利用的空间，如图 3-43 所示。

图 3-43　二级分类中添加促销商品

为了突出店铺特色，也可以在导航上做文章，导航的特色是由导航栏的背景及图案所体现的，如使用木头纹理，或者和店铺页面使用同一背景，使之浑然一体，或者在文字旁添加形象的简易图案，如图 3-44 所示。

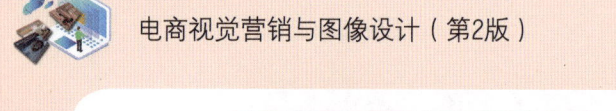

图 3-44　特色导航欣赏

3.7　店铺页尾营销设计

如果顾客从头到尾浏览了首页后没有跳转到其他页面，那么页尾是我们进行挽留顾客的最后机会，因此页尾的营销设计十分重要。

3.7.1　页尾案例分析

页尾服务于非目标性顾客和新手买家。

1. 服务与互动

当顾客浏览到页尾时，对店铺中出售的商品已经有了大致了解，页尾中可以通过"官方正品保证""7天无理由退换货""品质保证"等信息，提升信任感，打消顾客疑虑，如图3-45所示。

图 3-45　服务

添加在线客服以帮助顾客，顾客有疑问可以直接点击咨询，而不用回到页面上方去找在线客服，减少了顾客因为麻烦而放弃咨询的可能性，如图3-46所示。

图 3-46　添加在线客服

如图3-47所示，通过添加手机店铺二维码、微淘二维码、微博、关注、收藏等模块来实现互动。添加VIP会员服务于老客户，增加客户黏性，也在一定程度上体现了店铺的专业服务，吸引了新客户。

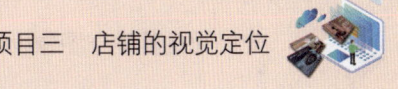

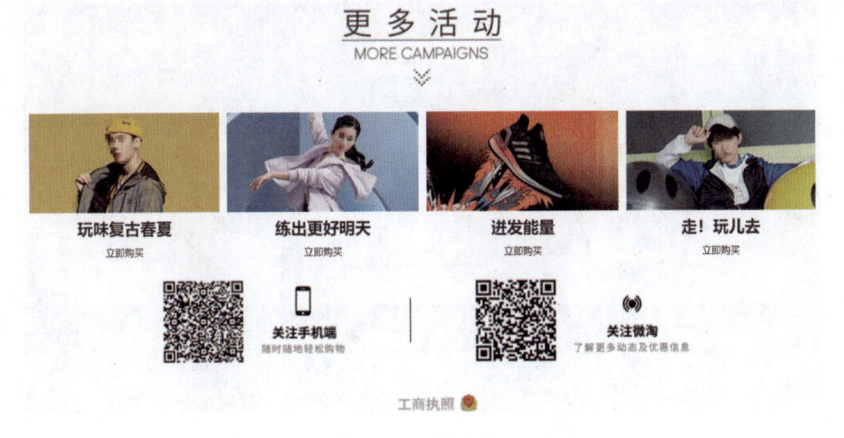

图 3-47　实现互动

2. 分类引导

分类将给予顾客更多选择，而对于从商品详情页阅读至页尾的顾客，可以协助顾客更快找到目标商品和促成成交。图 3-48 所示为几种不同的页尾分类。

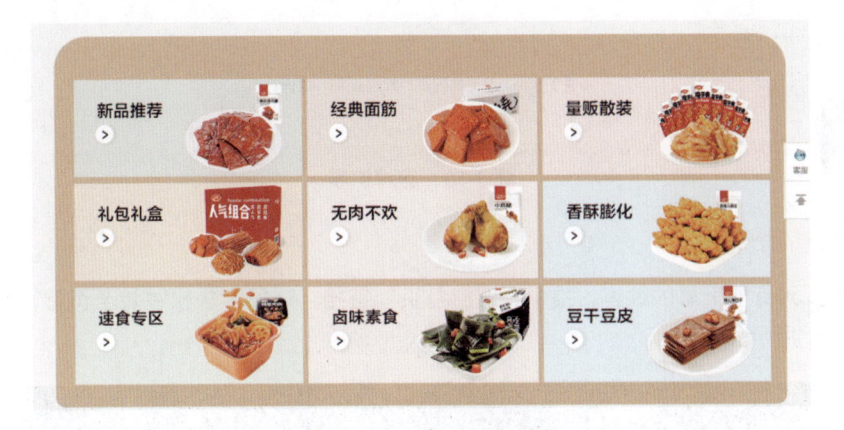

图 3-48　不同的页尾分类

3. 品牌介绍与扩展

在页面中介绍品牌故事可以给顾客了解品牌的机会，增强可信度和品牌认知度，如图 3-49 所示。品牌扩展是指展示该品牌旗下的其他店铺，给顾客更多选择，将流量引导向其他店铺，如图 3-50 所示。

图 3-49　品牌介绍

图 3-50　品牌扩展

4. 大牌简约页尾

对从首页阅览至页尾的顾客,提供"返回首页"链接,让顾客轻松跳转至页首,提升顾客体验,如图 3-51 所示。

图 3-51　大牌简约页尾

5. 特色页尾

特色页尾在为店铺增色的同时，也要秉承视觉营销的理念，如图 3-52 所示。

图 3-52 特色页尾

3.7.2　页尾设计要点与形式

页尾中包含了很大的信息量，包括店铺申明、公告之类的信息，在方便买家的同时也体现着店铺的全方位服务，其作用不可小觑。店铺页尾设计多使用简短的文字加上代表性的图标来传达相关信息，图 3-53 所示为一款比较有代表性的页尾设计。

图 3-53 页尾设计

通过以上几个方案可以总结出，页尾一般包含以下几个设计要点。

①店铺底部导航：便于用户选择。

②返回顶部链接：在页面过长的情况下，加上"返回顶部"链接可以方便用户快速跳转到顶部，将流量又引导回首页。

③收藏、分享店铺：在页尾添加收藏、分享店铺的链接能方便买家收藏，留住买家。

④旺旺客服：便于买家联系客服，更多地解决买家问题。

⑤温馨提示：如发货须知、买家必读、购物流程、默认快递等信息可以帮助买家快速解决购物过程中遇到的问题，减少买家对于常见问题的咨询量。

【思政园地】

品牌建设篇——从筚路蓝缕到破茧成蝶 中国品牌书写新时代大国担当

职业素养

品牌是高质量发展的重要特征,也是企业竞争力、国家竞争力的综合表现。习近平总书记曾提出,要"推动中国制造向中国创造转变、中国速度向中国质量转变、中国产品向中国品牌转变"。2023年,中共中央、国务院印发《质量强国建设纲要》,为中国品牌建设取得更大进展提供了方向和目标。该文件中提出,到2025年,质量整体水平进一步全面提高;中国品牌影响力稳步提升,形成一大批质量过硬、优势明显的中国品牌;完善品牌培育发展机制,开展中国品牌创建行动,打造中国精品和"百年老店"。

近年来,全社会品牌发展理念与时俱进,品牌发展氛围日益浓厚,企业品牌、产业品牌、区域品牌竞相涌现,老字号品牌、非遗品牌、文旅品牌各展风采,我国品牌建设取得显著成效。在电商视觉营销设计视角下,独特典型的品牌视觉效果不仅可以提高品牌的知名度,传递品牌的价值理念,还可以使品牌在众多同类竞争者中脱颖而出,获得更多的流量和更高的转化率。

案例介绍

百雀羚,如"羚"添翼,声名"雀"起,作为1931年诞生于上海的老字号护肤品牌,在众多国内外化妆品牌的竞争冲击下,仍然面临步履维艰的尴尬境地。这时,"国潮"送来了"东风",传统文化赋予国内品牌独特的文化优势,成为不可替代的独特卖点。百雀羚敏锐地嗅到国风机遇,对品牌进行革新已成为迫在眉睫、刻不容缓的事实。

2004年开始,百雀羚决定向品牌年轻化重塑,并将"天然护肤"理念作为进军新一轮消费市场的核心定位,随后陆续推出"草本护肤""气韵""三生花"等系列产品。2017年9月,联手"京剧第一女生"王珮瑜推出京剧面膜;同年10月20日,百雀羚首度与故宫合作,携手故宫文化珠宝首席设计顾问钟华推出了燕来百宝奁美妆礼盒,创下35秒售罄纪录;次年,百雀羚再次携手钟华,打造百雀羚雀鸟缠枝美什套装,在"双11"预售排名中高居榜首。百雀羚品牌产品设计(部分)如图3-54所示。

项目三 店铺的视觉定位

图 3-54 百雀羚品牌产品设计（部分）

  2019 年，百雀羚踏上寻找东方美的旅程，携手中国工艺美术行业大师、非遗敦煌彩塑技艺传承人杜永卫，推出护肤套装及敦煌悦色岩彩彩妆系列，在"双 11"预售中，成为最早破千万元的新品，开场 10 分钟成交额破亿元。在 2020 年天猫"618"热卖化妆品品牌 TOP10 榜单中，国产品牌百雀羚挤入前十，表现良好。在网店视觉营销方面，带有中国文化气韵的百雀羚二十四节气海报火速出圈，百雀羚一度被称为被化妆品耽误的广告公司。百雀羚旗下的"百雀羚·三生花"子品牌，延续了品牌一贯的"东方美学"理念，从三生花露到护手霜，再到橄榄护理精华油，其产品包装中都展现着中国式的古典之美。

  百雀羚幸运地赶上了"要立足中国大地，讲好中华文明故事"的风口，对于产品设计的精益求精、传统文化的持续挖掘和品牌文化的不断积淀，成为重塑传统文化的优质国货品牌之一。

总结

  "国潮风"的来袭，让百雀羚在众多国产品牌步履维艰的时候，成功倚靠优秀的中华传统文化涅槃重生，品牌重新登上热销榜离不开消费者对民族文化的认同感，更离不开品牌自身的创新发展。我们在分析百雀羚重回辉煌的同时，可以重新审视品牌的文化价值，将中国传统元素与产品巧妙结合，在弘扬历史文化的同时，助推品牌"国潮文化"的崛起之路以重焕"国货之光"。

  国家特色品牌战略正处于高质量发展阶段，品牌营销设计是其中重要一环，在同类产品大量出现的情况下，消费者既注重产品的使用价值，也在衡量产品能否带来情感共鸣及文化归属感。国货品牌可以依托中国传统文化元素和时尚元素的融合，在传统与现代的相互借鉴中，撞击出充满生命力的火花，从而讲好中国品牌故事，提高自主品牌认知度与影响力。

【实训案例】

1. 实训背景

方晓宇同学的店铺开得不错，她打算拓展产品类目，引入一部分新的商品线。在做了多个网上商店的调查之后，她发现现在年轻人的口味越来越重，对于高盐、高糖、重辣、重油的商品非常喜欢。她在团队内部讨论后，决定找几款适合在网上销售的广西柳州螺蛳粉。

在找到合适的商品前，方晓宇决定先把店铺设计好，然后根据商品的特点进行微调。尽量缩短店铺在美工上花费的时间，尽快上线销售。

店铺的视觉定位是品牌建设的基础，是店铺经营的前提，关系店铺在市场竞争中的成败。在前期做好品牌注册、店铺开店等一系列准备工作的前提下，接下来第一步要做的就是对整个店铺的视觉进行定位。

2. 实训目标

（1）掌握店铺视觉定位的原则和要素。
（2）掌握店招的设计方法。

3. 实训步骤

本实训以个人为单位进行，根据店铺视觉定位的原则，合理利用视觉要素，根据店铺店招尺寸要求，使用图像处理软件，制作店铺店招。

（1）以个人为单位，分析店铺视觉定位。
（2）根据品牌logo或主打商品特性，确定视觉要素中的色彩搭配和字体选择。
（3）结合店铺营销方案，确定活动推广商品，并准备店招活动图。
（4）根据尺寸要求，在图像处理软件中制作店招。
（5）将店招在店铺后台相关模块中装修应用，并根据后续实际效果进行调整完善。

04

项目四
店铺模块的视觉设计

【学习目标】

1. 掌握电商产品市场调研及策划的实践。
2. 掌握产品 USP 的设计方法及实践。
3. 掌握视觉的场景化设计。
4. 掌握详情页中主图、海报、详情页的设计。

【引导案例】

图像设计的素材选择

说到设计素材，浮现在脑海中的可能会有很多种，而这次要说的主要是三类，即手势、植物、肌理（在花瓣、千图网等网站中搜索关键词"手势""植物""材质""肌理"就能找到对应素材）。这三类素材在详情页设计中出现的频率也是很高的，如果运用得当会将详情页的出彩度进一步提升一个档次，而且对于视觉表达也会更加生动、形象、富有说服力，下面我们主要就前两类进行介绍。

1. 手势素材

顾名思义，手势素材就是各种各样关于手方面的动作，比如：拿、托、指等，示例如图 4-1 所示。

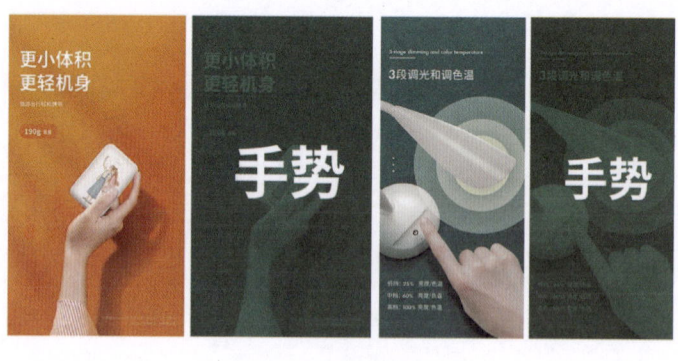

图 4-1 手势素材

这些手势在很多详情页中都出现过,接下来我们不妨思考这么一个问题:为什么要用这些手势,只是单纯的好看吗?

其实不然,在视觉上,这些手势使得画面更加生动、有立体感、有层次感,让作品更饱满、更出彩。而对于用户而言,能让其更加深刻地体会到商品是有温度的、可操作的、更真实的、更容易理解的,所以对于交易的达成及加深用户对商品的了解也更具说服力。

影响详情页转化率的因素有很多,视觉表达能否真正抓住用户心理也是很关键的一点!

2. 植物素材

这类素材在很多页面及详情页中出现的频率都很高,而且装饰性很强,寓意也很宽泛,例如,自然、清新、贴合现实、有生机等,如图 4-2 所示。

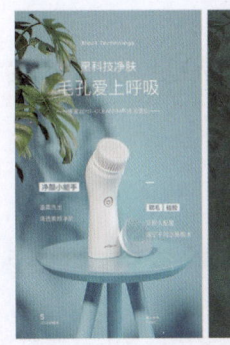

图 4-2 植物素材

在图 4-2 中,这里的植物都能很好地与画面主体形成遮挡关系,在视觉层面显得更有层次感,画面也更饱满;而且植物并不是随便使用的,而是与海报氛围、文案都紧密相关的,形成很好的呼应、装饰作用。

我们常用的植物元素可以是清晰的,也可以是模糊处理过的,只要与画面整体气质相符,可以根据实际情况灵活使用。

【任务分析】

1. 产品调研及设计。
2. 主图营销设计。
3. 海报及轮播图营销设计。
4. 详情页营销设计。

【任务学习】

4.1 商品调研及设计

在做一个爆款页面以前,需要对市场上相似的商品进行调研。通过对竞争对手的商品进行充分研究,才能精准地切入市场,选择一个独特的角度去阐述商品的竞争力。总体来说,一个爆款的成功至少需要具备以下三个条件中的一个条件:

- 商品本身的差异化优势。
- 宝贝内页展现的差异化优势。
- 营销策略的差异化优势。

市场调研正是通过相对客观的方法分析自身商品的存在机会,然后进行有的放矢的页面设计和规划。

4.1.1 商品调研

商品调研的目的在于确定商品的竞争力,即明确与竞品相比,自有商品具有哪些独特卖点。

很多人的误区就是只要卖同类产品就属于竞品,这是一个错误的观念。简单来说,竞品是从商品的价格、款式、工艺、受众人群等几个核心属性上具有高度重合率的商品,这样的产品才能真正被定义为竞品。

如图 4-3 所示的是两台硬件配置十分相近的相机,一款外观是黑色、棱角分明的可换镜头相机,另一款外观是粉色、精致、可爱的相机,这两台相机就不具备太大的竞争,因为前者的用户群中绝大部分是男性,而后者的用户群中绝大部分是女性,且前者更看重性能,后者看重的更多是外观。

图 4-3 相机对比

看起来衣服是一模一样的,能否确定为竞品呢?我们在正常购物的情况下,会对想购买的商品给予一个预算,预算的多少和自身的消费能力有关。在价格上相差比较大的商品,人群的购买力及购买驱动力是有区别的。如图 4-4 所示的是两款外观一样,但是价格相差较大的衣服,我们可以发现两款衣服的销量十分接近,低价的衣服并没有占到绝对的销售优势。

图 4-4　服装对比图

对购买了这两款衣服的消费者分别做了简单的调研回访，发现购买前一款商品的消费者在注重款式的同时更多地倾向于价格便宜；购买后一款商品的消费者，在注重款式的情况下更偏向于商品品质的可靠性。在很多情况下，购买了高价款衣服的消费者有相当一部分是看过低价款衣服详情页的，这部分消费者之所以决定不购买低价款的衣服，是因为对于低价商品的品质可靠性没有太大信心。也就是说购买前一款商品的消费者，主要的购物驱动力为合适的款式及相对低廉的价格，选择购买后一款商品的消费者，实际购买驱动力为合适的款式及相对靠谱的品质。这两个消费群体在款式上具有一定的重合度，但是在消费能力和购买动机上属于完全不同的两种消费人群。

根据上述案例，进行研究探索得知，在过往的很多案例中，很多想当然的做法往往会限制我们对事物的重新认知和重新判断。上述案例也能够告诉我们哪怕卖外观一样的衣服，获取的消费人群的价值也是完全不一样的，两个消费人群在忠诚度、消费能力上都有一定的差距。

4.1.2　商品策划

商品策划就是在拿到商品之后，深挖它的卖点。

但是这里需要注意，商品策划有时候是需要在选择销售哪款商品之前就展开的。只有有挖掘的价值、有卖点的商品才能被选中。

深挖卖点的时候，建议团队里不同岗位的成员都要尽可能地参与进来，因为不同岗位的成员会从他们各自的角度去寻找产品的优点，这样能够更加全面和细致地把商品拆分成各式各样的描述性关键词，如图 4-5 所示。

```
寿命长                    外观精致
容量大
防短路
轻便                      ……
耐用
散热强
芯片防过载
联名款
```

图 4-5　关键词

从商品的生产到销售，使各个环节的成员都参与进来，分别用不同的关键词来描述商品卖点，我们可以等同视之为做"加法"。

把各种关键词进行汇总，再把很多无关紧要的关键词进行删除，保留相对有价值的卖点关键词，这样可以很快地聚焦到商品策划的主线上，也能够了解到商品卖点的突破口的大致方向。这个进行删选的环节可以看成是做"减法"。

对精简后的这些关键词再进行重要性层级的划分，如图 4-6 所示，重要性层级是根据模拟消费者在购买商品时，哪些关键词能够起到决策作用，哪些关键词能够起到影响力作用来确定的。这样的重要性层级的划分有利于再次聚焦，让头脑风暴的智力输出集中到能够影响购物决策性的卖点开发上。就目前来说，绝大部分店铺挖掘的卖点是离散的，这样的结果就导致了整个详情页内部会显得像是东拼西凑的，没有一个完整的主线及各个层级的划分。这样会影响到消费者对商品信息的接收。对于重要性层级的划分，基本上能够划分三到四级就差不多了，这样的重要性排序能够简洁明了地让团队成员集中精力在重要的卖点开发上。

```
一级：容量大、轻便、外观精致
二级：防短路、散热强、耐用
三级：寿命长、芯片防过载
四级：……
```

图 4-6　关键词筛选与整理

比如，充电宝的电路保护、电容量、商品寿命等关键词是能够起到购买决策作用的，温度控制、体积、重量等关键词是能够起到很大的影响力作用的，但是就外观而言，会存在一定争议。有部分消费者会将外观纳入到决策性购买因素中，他们会先关注具有自己喜欢的外观的商品，然后再考虑商品的性能和品质；然而也有的消费者首先考虑性能品质，外观因素对其决策购买的影响很小。

对于这种有争议的问题，可以通过竞品的评价反馈或者消费者调研来进行分级决策。完成卖点的排序后，就需要找出商品最重要的一个卖点，作为爆款的核心卖点来打造。之所以选择核心卖点作为突破口，是因为短期内想把很多信息灌输给消费者的效果，远不如只向消费者诉说一个最好的卖点的效果好。

在时间碎片化的时代，很少会有消费者能够耐心地看完整个详情页的所有内容和信息，在大多数情况下，都是大致地浏览详情页的前面区域，然后开始跳跃式地浏览，消费者只会抓取自己感兴趣的部分内容着重关注，因此清晰地抓住消费者的关注点，会比散乱地讲述卖点更具竞争力。

通过对第一层级卖点的内容进行分析，可以发现很多的卖点都和充电宝里的电芯及相关元器件有关，如图 4-7 所示。为了让消费者更加直观地了解商品，可以在详情页的设计上着重强调电芯的优劣，来建立自身的核心优势（注意核心卖点的优势展示信息，一定要是真实可靠的，虚假宣传在短期内固然可以引起一定的效果，但是在互联网信息爆炸的时代，获取某个行业的信息已经变得十分简单，虚假的卖点很快就会被他人察觉并揭穿，这样反而得不偿失）。

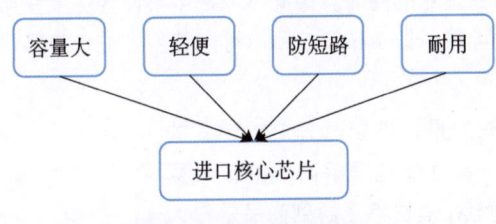

图 4-7　核心卖点分析

4.1.3　USP 的开发设计

USP 是广告发展历史上最早提出的一个具有广泛深远影响的广告创意理论，即一个广告中必须包含一个向消费者提出的销售主张。

当确定好核心卖点之后，就需要对商品进行 USP 设计了。USP（Unique Selling Proposition），即独特的销售主张设计。它有以下三个特征：

第一，独特性。独特性的目的在于能够快速吸引消费者的注意力，消费者总对一些新奇的商品拥有强烈的好奇心。

第二，令人信服的承诺。值得注意的是，成年人的大脑对接受新鲜而又陌生的事物，既存在强烈的好奇心，又存在很强的戒备心理，谨慎且小心。消费者对新鲜事物好奇的同时，一方面想去尝鲜和体验新的东西，另一方面又担心下单后所需要承担的风险，所以卖家需要给出一个令人信服的承诺来降低消费者的戒备心理。

第三，有销售力。在将新鲜的理念传达给消费者的同时，也需要打消消费者的疑虑，并且需要使消费者产生购买决定，这也是 USP 的最终目的。

在商品的广告语设计中，USP 构思有两个来源：第一，从商品原材料的特点或者优点入手进行描述；第二，从商品的制造或者使用过程来进行描述。

USP会提炼商品在本身材质属性或者生产工艺方面具备的同类商品所无法比拟的好处。或者说，在同行对于商品的营销诉求中，并没有把某个关键性的卖点分析到位，也没有把该卖点通过广告语表达出来，那么就可以通过USP的设计方式快速地向消费者展示诉求。尽管同行后期会对USP进行模仿，但是先入为主的思维方式会让我们占据优势地位。对于绝大部分互联网消费者而言，看到类似于"呼吸的内裤"这样的文字时，首先会联想到的是"螃蟹的秘密"，看到"韩版女装"相关的广告语也总会先想到"韩都衣舍"，同行虽然会进行抄袭，但是对于绝大部分消费者而言，能够在大脑里产生对应的条件反射的，肯定是优先进入消费者大脑的那个信息，后来者虽然可以占有一席之地，但是很难超越该类商品。

在了解完USP概念及原理以后，就可以对移动电源这个商品进行USP设计了。电路保护、控温、寿命长这些特点都与移动电源的内部元器件有关，主要元器件为电芯，而作为案例的移动电源的优势也正是采用了国外知名企业的商品。因此可以把电芯作为主要突破口，消费者对"进口"这个关键词的感知是质量相对可靠、做工精良，所以可以使用"进口电芯，品质可靠"作为这个商品的USP。

在USP设计中需要补充的是，不要过分追求句式的新颖独特，以免无法使消费者直观地理解商品的核心卖点。新颖和独特是为了快速地让消费者了解到商品的最大亮点，太纠结于表面形式反而是一种舍本逐末的行为。如图4-8所示，"遇见夏天"对于这样的USP来说，纯粹的文字很难让消费者联想到具体商品。

USP设计不仅可以用在商品的卖点宣传上，也可以用在活动主题的设计上，当然设计的出发点会有所不同。活动主题的USP设计会和某些节日或者某些噱头进行契合或者嫁接，本书中的USP设计主要是为了阐述商品卖点，对于USP其他方面的应用不做详细阐述。通过展示一些相对

图4-8 USP产品指向不明的海报

优秀的互联网USP案例赏析，来使读者对USP的应用有进一步的认知，如图4-9、图4-10所示。

图4-9 案例赏析（1）

图 4-10　案例赏析（2）

4.1.4　视觉的场景化设计

通过对商品核心卖点的确定，设计出商品的 USP 后，就需要对商品的其他卖点进行视觉的场景化设计。比如，可以对一些商品进行背景的情景化模拟。以电视机为例，如果这个电视机的外形是属于设计时尚且具有现代感的，那么就可以通过具有现代装修风格的卧室或者客厅场景来进行暗示，如图 4-11 所示。

在展示台灯时，需要营造的氛围是书桌上的布置场景。在通常情况下，在书桌的摆设上，会有书、笔、闹钟等一些物品，这些物品的价值档次也需要和台灯相匹配。比如，普通台灯需要配备普通的办公用品，高档台灯需要配备名笔、精装书、精致的相框等物品，这样的场景暗示才能够符合消费者的身份。场景的代入感越符合目标客户的真实需求，就越能唤醒消费者对商品的购买欲，如图 4-12 所示。

图 4-11　场景化设计　　　　图 4-12　产品气氛营造

比如连衣裙，夏天穿着连衣裙不仅要体现出清凉的感觉，还要有轻松的氛围，因此在连衣裙的视觉画面中会融入大海、沙滩、飘逸的裙摆，让人似乎能够感受到海风，这种轻松氛围的旅行场景，可以很好地让消费者感受到一股清凉，并喜欢上海岸的清爽，这些都能够唤起消费者对商品的一种美的拥有欲望，如图 4-13 所示。

图 4-13　凸显商品特点

当完成商品调研、卖点梳理之后,在准备实施内页的设计时,需要注意以下几点:

第一,页面的呈现方式。

第二,逻辑结构和框架。

第三,需要注重设计规范。

详情页面内主图、海报、详情页的设计范式在本项目 4.2～4.4 节中详细讲述。

4.1.5　宝贝详情页面设计理念

对于网店设计来说,设计要处处为消费者着想。为消费者而设计的页面通常具有以下特点。

1. 营造良好氛围

即使销售的不是高端商品,也应当在页面氛围的塑造上多花些心思,尽可能地把商品本身的特点充分体现出来,让气氛直达消费者心里,激起他们购买的欲望。例如,对于节假日而言,最重要的就是营造节日的气氛;如果店铺正在促销,营造一个火热的促销氛围就很有必要。图 4-14 所示的这套婚庆床上用品的描述页面就非常有喜庆的氛围,让目标消费者看了增添很多好感。

图 4-14　营造氛围

2. 注重细节展示

很多新手卖家都不注重细节图的拍摄，甚至干脆就没有细节图，这样是很难让买家信任商品的。即使是同一件商品，随着颜色和尺寸的不同，人们的感觉也常会有很大的差异。对于买家想要了解的内容、商品的特别之处，都要拍摄细节图，认真、详细、如实地介绍给买家，不要一概而论，买家看得越清楚，对商品产生的好感和购买欲望也就越大。例如，服装类商品可以拍摄的细节有吊牌、拉链、内标、logo、领口、袖口、衣边等。

3. 设计从客户视角出发

在确定了商品所针对的客户群后，商品页面设计最好就要迎合客户的眼光，不仅要让商品为客户所认同，还要为客户搭建一个共有的空间，例如，使用客户认可的语气、喜爱的颜色、模特等。你与客户的距离越近，就越能制作出成功的商品详情页。如图 4-15 所示，这家童装店页面既有童趣，又解答了妈妈们关心的问题。

4. 不要让其他装饰要素喧宾夺主

有的卖家为了使页面看起来更丰富美观，喜欢使用各种手段吸引顾客的视线，如在页面中添加眼花缭乱的效果，或者使用过重或过多的色彩，或者随意放置一些不相关的图片。当这些装饰要素过分吸引眼球的时候，本应突出的商品就会被埋没。在设计商品详情页时要考虑是否一定要使用某些效果、色彩或图标等要素，如果需要，则要考虑加入多少、按多少比例分配比较合适。如图 4-16 所示，该页面没有花哨的装饰，只以纯色为背景，文字也极其简单，这种设计不仅使整个商品详情页面显得整洁，就连商品也变得生活、雅致起来。

图 4-15　设计从客户角度出发

图 4-16　商品装饰

4.2 主图营销设计

商品主图是对所销售商品的一种最直接的视觉展示方式,是最重要的信息承载和传达媒介。从消费路径上看,当消费者使用淘宝平台搜索商品时,搜索结果如图4-17 所示,显示的是与搜索相关的商品主图及标题价格等。我们发现,主图占比最大,消费者先看到了心仪的商品,才会去关注商品的价格、购买人数、商品品牌等附属信息。主图是引流的重要载体,很大程度上影响了消费者的购买心理。

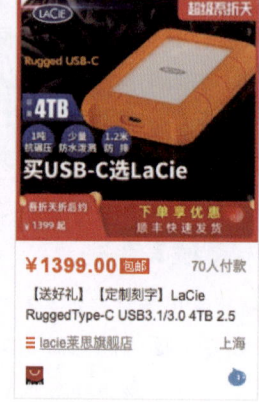

图 4-17 客户端搜索结果

淘宝是相信"一见钟情"的,商品主图就是留给消费者的第一印象。主图的主要功能有:抓住眼球、激发兴趣、促成购买,如图4-18 所示。醒目美观的主图能凸显商品,吸引消费者;个性的主图能提高店铺的辨识度,突出宝贝卖点;促销信息的主图则能有效激发消费者的兴趣。为了增加流量、提升转化率,很多卖家都在不断地优化主图。

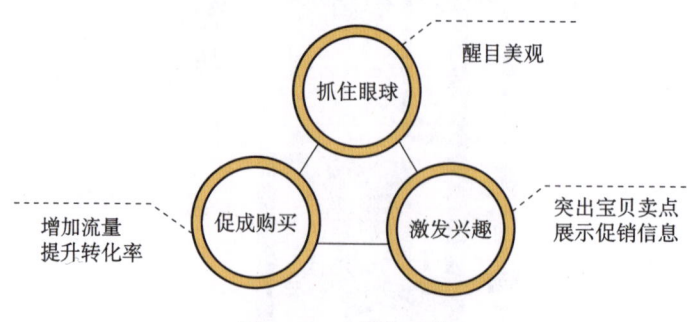

图 4-18 主图的功能

4.2.1 主图案例分析

主图虽然只是小小的商品图，但它的设计也要实现最大化营销。我们在设计主图时应挑选合适的素材，进行合理的构图。下面从主图设计的 5 个方向展示主图的案例，帮助大家进行对比分析。

1. 清晰整洁

在主图的素材选择中，要遵循清晰整洁这一首要条件。模糊脏乱的图片不仅影响顾客的视觉体验，还影响了商品的价值体现。如图 4-19 所示，左图和右图相比，背景杂乱无章，导致商品让人觉得低廉。

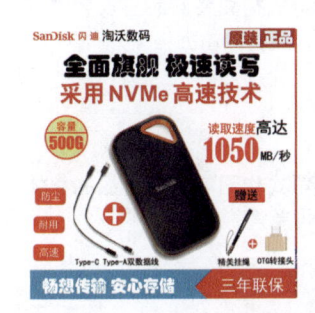

图 4-19　清晰整洁方向的主图对比

2. 曝光正确

曝光正确的图片是指在光线合适、没有逆光的情况下拍摄的图片，这样图片的色彩比较符合实际颜色。若采用了曝光不足或曝光过度的照片作为主图素材，会造成商品图与实物颜色相差偏大，引发售后纠纷等问题。如图 4-20 所示，左图的曝光不足导致商品质感不足，右图则在曝光正常的情况下展示了手镯的反光，提升了商品的吸引力。

图 4-20　曝光不正常的主图示例

3. 合理构图

对于小件商品，进行构图后的主图能使画面更丰富。构图方式有很多种，如直线式、对角式、辐射式等，具体应用见表 4-1。

表 4-1　不同构图方式主图示例

构图方式	图例	说明
直线式		直线式构图将商品的不同颜色、款式、大小通过并列展示给消费者，来增加商品属性体现
辐射式		辐射式构图将商品呈反射性发散排列，增强画面的张力，视觉冲击力强
对角式		对角式构图能体现商品的立体感和动感，使商品呈现不再单调
框架式		框架式构图可以将商品的多种属性分别框出，但是要注意和谐统一，不恰当的运用会给人廉价的感觉

4. 场景化设计

对于很多商品来说，单纯展示商品会显得单调。如服装，平铺图往往不如模特实拍图效果好（见图 4-21）。消费者只有看到了模特的穿着效果，才会联想到自己的穿着效果，并且根据自己的身型、风格来判断是否合适。当然，选择场景时不能过于花哨，要与商品合理搭配。

图 4-21　场景化设计的主图

5. 品牌宣传

商品主图关系品牌形象，现在淘宝的同款商品越来越多，同质化导致消费者很难记住这些商品对应的店铺。所以，只有树立品牌才能让消费者加深对自己的商品的印象，避免流失潜在的客户。将品牌 logo 添加到主图进行标识，不仅能在展示商品的同时展示品牌，也能加深消费者的印象，提升了商品的竞争力，如图 4-22 所示。

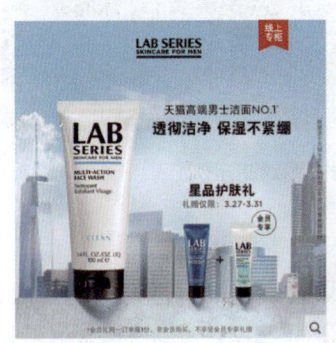

图 4-22　品牌标志的主图

4.2.2　主图设计要点

电商运营的核心目的是营利，从网店利润公式（见图 4-23）可以看出：毛利润＝客单价 × 客流量 × 转化率 × 毛利率-总成本。因此，在转化率一定的情况下，客流量越大，则销售额越高，毛利润越大。消费者通过关键词搜索宝贝，然后再看主图点击进入详情页，那么主图点击率就是非常关键的指标，在同样的曝光量的情况下，点击率提升一倍，那流量也会提升一倍。

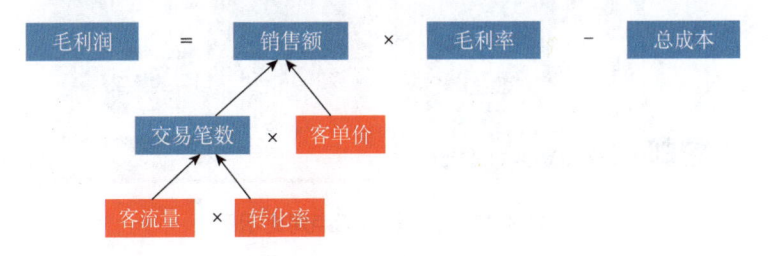

图 4-23　网店利润公式

1. 主图的背景

这是一个视觉营销的时代，主图背景的重要性在于你的商品主图是否能在满屏的搜索页中脱颖而出，背景要明显地区别于别人，吸引消费者的注意力，增加点击的概率。如图 4-24 所示，同一款鼠标，右图在背景选择上既有商品的应用场景又有使用的场景，突出商品的卖点，相比较左图更有吸引力。

图 4-24 背景主图对比示例

2. 主图呈现的卖点

研究发现，对于同款网店商品，有卖点呈现的主图能获得更多的点击量。但若卖点呈现如图 4-25 左图所示，则会带来反效果，此为"牛皮癣"主图，整张主图都是卖点文字信息，会导致商品降权，甚至下架。所以商品卖点不是越多越好，主图的促销信息和亮点表现一定不要有喧宾夺主的感觉。商品主图中卖点文字需简练易懂，可用数字来体现，提炼的卖点在一张主图中尽量不超过两个且不超过主图的三分之一，字体统一并保持 10 个字以内，要做到简短清晰有力。图 4-25 右图则为较好的卖点呈现示例。

图 4-25 主图呈现卖点对比示例

3. 主图上的标志

商品主图除了关系品牌形象，还影响着店铺定位，主图的辨识度就是如何让买家清楚地知道我们的店铺名，了解我们，记住我们。每个卖家在网上开设店铺时都会取一个店铺名，并建立好客户关系，把店铺的知名度打出去。这时属于自己店铺的标志（logo）就很重要了，买家通过主图呈现的 logo 就能知道这是谁家的宝贝，之前买没买过，店铺的知名度广不广。如图 4-26 所示，可以看出商品属于哪家店铺，消费者就可以根据自己的需求进行筛选。

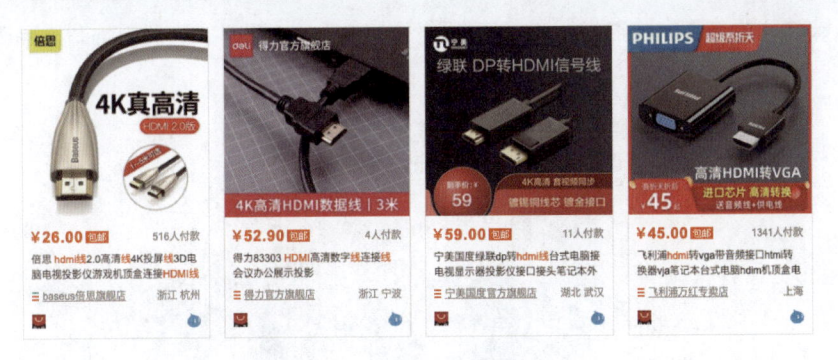

图 4-26　主图上呈现标志示例

4.3　海报及轮播图营销设计

海报是营销的重点。

海报通常会出现在钻石展位、首页导航的下方及宝贝的详情页中，占有较大的面积。顾客进入店铺后查看的海报对于商品的营销至关重要。利用好海报并做好海报营销，不仅能带来视觉震撼，还能使顾客第一时间了解店铺及商品的活动、促销信息。

4.3.1　海报案例分析

轮播图也就是多张海报进行循环播放，因此这里要介绍的就是海报的视觉要点。

1. 失败案例分析

（1）画面杂乱

无论是主推商品还是促销活动的海报，主体商品都不能太多，否则会造成营销活动没有重点。如图 4-27 所示，海报图主体其实就是告诉消费者有新品活动，但是店家添加了大量文字，堆叠各种形状元素导致整个海报被分成多个小块，给人一种杂乱、低廉的感觉，瞬间拉低了店铺的档次。其实这个海报完全可以选择其中一个活动作为主体，其他的活动放在店招或者页尾进行展示。

（2）干扰信息多

海报的主题从背景、商品、文案等方面加以体现，这就需要提炼出重点文字，调整配色，并对干扰信息进行处理。如图 4-28 所示，该海报的主题是面膜，但由于背景内容过多，综合起来视觉排布过于复杂，无法良好地突出整体效果。

图 4-27　画面杂乱

很多人为了丰富画面，在海报中添加很多装饰，如图 4-29 所示，这些装饰与商品无关，明显造成了干扰。

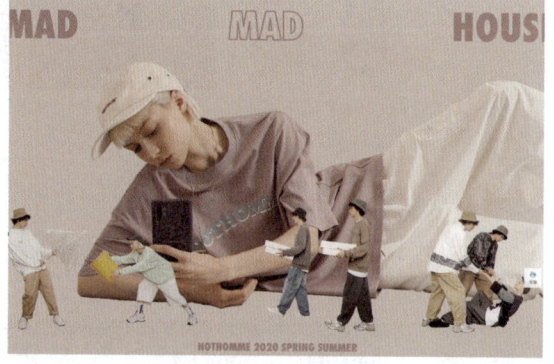

图 4-28　干扰信息多　　　　　　　　图 4-29　装饰与产品无关

（3）文案过多

海报图中的文案是必不可少的，恰到好处的文案不仅能点明主题，还能增加点击量。文案需要精简提炼，突出主要信息。但文案一旦过多，会造成阅读困难。如图 4-30 所示，在文案内容中，本应该突出的是"宽松高腰风衣外套"这样的词，却把这几个字藏得很小。左边下面还有大段的英文，让人不知道是该看呢，还是不该看。

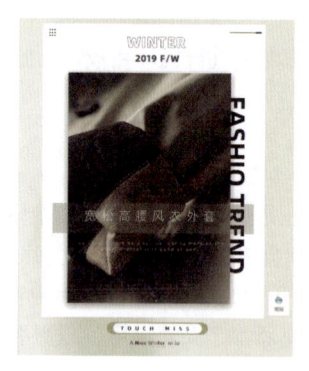

图 4-30　文案过多

（4）无主题、内容空乏

由于海报占有页面很大篇幅，当海报没什么实质内容时，就如同摆设。如图 4-31 所示，虽然中间文字有描述店铺的主题，但是由于文字、背景、装饰等完全与主题不符合，整张海报图中显眼的只有几个大字，没有活动信息也没有商品信息，让人不知其意义何在。

项目四　店铺模块的视觉设计

图 4-31　无主题、内容空乏

（5）审美疲劳

在淘宝网大型的活动中，很多店铺都使用了官方的大海报，这种海报与店铺没有直接的联系，在海报中甚至还显示了其他品牌。又或者使用相似背景、配以相同文字的相似海报，也令人感觉没有任何新意，虽然能在店铺中营造活动气氛，但是如果顾客每进一个店铺，打开首页都是同样的海报，难免会有视觉疲劳。

2. 优秀案例分析

下面从几个成功的案例分析海报的营销功能的体现。

（1）主打商品

将主打商品、明星商品、口碑商品作为海报，可以很好地诠释品牌、体现品牌形象，引起消费者的注意，如图 4-32 所示。

图 4-32　将主打商品作为海报

（2）主题活动

一般以店铺上新、店庆、节日或其他活动为主题，设计海报。活动海报的主体不再是单个商品，特别是在全网活动期间，都会有适宜的海报设计出现。如图 4-33 所示，主题家装节促销，活动中添加系列商品可以吸引同类需求的买家。

109

图 4-33　主题活动

（3）明星效应

明星有很强的号召力，因此在海报中使用店铺的代言明星也是常用的手法。海报的明星效应就是唤起消费者的记忆，展示品牌形象，如图 4-34 所示。

图 4-34　明星效应

4.3.2　海报的设计要点与形式

从前面的案例分析中可以得到海报的以下设计要点与形式。

1. 主题的确定

海报的制作需要有一个主题，无论是新品上市，还是活动促销，主题选定后才能围绕这个方向确定海报的文案、信息等。海报的主题以"商品＋描述"体现，将描述提炼成简洁的文字，并将主题内容放置在海报的第一视觉中心，可以比较高效且直接地让消费者一眼就能知道所表达的内容。

一个海报基本由三部分组成，即背景、文案、商品信息。

（1）背景

根据商品和活动来选择合适的背景，如图 4-35 所示。背景分为颜色背景、场景背景及纹理背景。

图 4-35　海报背景

（2）文案

文案的字体应不超过 3 种，可以用粗大的字体突出主题。文案分主题内容、副标题和说明性文字，把握好主次关系，并要适量留白，让顾客在浏览的过程中能够轻易地抓住画面信息的重点，提高阅读体验，如图 4-36 所示。

（3）商品信息

海报中的商品信息应突出商品特色、商品价格等，如图 4-37 所示。

图 4-36　海报文案　　　　　　　　图 4-37　商品信息

2. 构图的设计

海报的构图就是处理好图片、文字之间的位置关系，使其整体和谐，并突出主体。

（1）左右构图

这是比较典型的构图方式，一般为左图右文或左文右图两种模式，如图 4-38 所示。这种构图比较沉稳、平衡。

图 4-38　左右构图

（2）左右三分式构图

左右三分式构图以均分法构图，将画面三等份，其中两等份为图片，一等份为文字。这种构图比左右构图更具层次感，如图 4-39 所示，为了突出主次，可将两边的图片设置成不同的大小。

图 4-39　左右三分式构图

（3）上下构图

上下构图分为上图下文和上文下图两种，如图 4-40 所示。

图 4-40　上下构图

3. 配色的选择

海报的配色十分关键，画面的色调会营造一种氛围。在配色中，对重要的文字信息，以突出醒目的颜色进行强调，以清晰的明暗对比传递画面信息，以不同的配色来确定相应的风格。如图 4-41 所示，使用黄色系表现婴幼儿的服饰。

图 4-41 黄色系表现幼儿风格

4. 视觉冲击力的表现

首焦（即首页焦点图，它是网站宝贝风格和形象的一个展示窗口，首焦图做得好就能让买家驻足流连，会让买家继续关注下去）作为一个整体，目标是要从整个首页中脱颖而出的，而首页除首焦以外的部分从视觉上也可以被视为一个整体，这个整体要和首焦在统一的前提下有所区分，从而获得绝好的视觉冲击力。如图 4-42 所示，海报采用大块的同一色调渐变来展示整个版面，从而让首焦从首页中凸显出来，在颜色和设计元素上又保持了统一。

除色调的渐变，相近风格的色调也是当前用得比较多的一种突出视觉的方式。如图 4-43 所示，Massimo Dutti 采用了一种左右构图的暖色调首页海报来表达春季新品的定位。

图 4-42 统一色调的渐变　　　　图 4-43 左右构图的暖色调首页海报

视觉冲击力来自对排版和配色的把握，最亮的颜色是白色，最暗的颜色是黑色，只有通过对对比的严格控制，才能让视觉冲击发挥作用。图 4-44 所示的是 Adidas 官方旗舰店为推出 Ultra Boost20 时设计的典型的黑白色式海报图。

图 4-44 Adidas 官方旗舰店黑白配色海报图

4.4 详情页营销设计

详情页的营销设计目的在于将流量转化为有效流量。在具体实现过程中，我们可以借助 AIDMA 法则来查看。AIDMA 为 5 个单词的缩写 Attention（注意）、Interest（兴趣）、Desire（消费欲望）、Memory（记忆）、Action（行动），是由美国广告人 E.S 刘易斯提出的具有代表性的消费心理模式，它总结了消费者在购买商品前的心理过程。具体到电商营销中，我们可以看作以下 5 步（见表 4-2）。

第 1 步：引发兴趣。

第 2 步：激发潜在需求。

第 3 步，从信任到信赖。

第 4 步，从信赖到强烈想"占有"。

第 5 步，替客户做决定。

具体到详情页的策划优化，应从以下几点出发。

表 4-2 详情页策划

成交转化 5 步曲	15 个逻辑关系
引发兴趣	焦点图（引发兴趣）
	目标客户群设计——卖给谁
激发潜在需求	场景图（激发潜在需求）
从信任到信赖	商品细节
	为什么购买（好处设计）
	为什么购买（痛点设计）
	同类型商品对比
	客户评价、第三方评价（产生信任）
	商品的非使用价值
从信赖到强烈想"占有"	拥有后的感觉塑造（给客户一个 100% 购买的理由）
	给买家购买理由——送恋人、送父母、送领导、送朋友
替客户做决定	品牌介绍
	发出购买号召（为什么现在、立刻、马上进行购买）
	购物须知（邮费、发货、退换货等）
	关联推荐

焦点图：当消费者点击商品进入宝贝页后，需要迅速切换到焦点图，通过让消费者看焦点图，迅速吸引并抓住其眼球。焦点图要突出商品的最大卖点，也可以展现热销盛况、商品升级、消费者最大痛点等。

框定目标客户群：迅速告知消费者当前商品的目标客户，明确和锁定消费者。

好处设计及痛点设计：根据每个痛点完成场景图设计，全方位展示商品。

场景设计：满足消费者的购物想象力，充分展示商品，满足消费者的痛点。明确告知消费者商品可以解决的痛点，描绘商品的使用场景。

商品细节：从不同角度全面展示商品的各种细节，应包含商品的正面、侧面、细节、异于同类商品的细节描述。

同类型商品对比：直接与同类型商品进行对比，突出当前商品。

客户评价、第三方评价：通过这类展示让消费者产生信任，侧面告知消费者商品的优秀。

商品的非使用价值：可以从品牌附加值、职业匹配度、消费者形象打造、情感共鸣等方面满足消费者的内在购物心理满足感。

购物须知：应包含邮费、发货、退换货等信息，保证消费者的权益，保障其购物安全。

关联推荐：同一店铺内的同类型商品推荐，保证消费者在本店内完成消费，防止流失。

4.4.1　详情页通用布局模块

详情页的布局大多包含多个通用模块。卖家根据详情页的模块进行详情页布局，吸引顾客一直看下去。常见的详情页通用布局模块有以下几种。

1. 宝贝整体展示模块

用户购买宝贝时主要看宝贝展示部分，宝贝整体展示模块的作用就是让客户对宝贝有一个直观的感觉。通常这个部分是使用图片来展现的，分为摆拍图和场景图两种类型。

（1）摆拍图

摆拍图能够最直观地展示商品，拍摄成本相对较低，大多数卖家自己也能够操作。设计摆拍图的基本要求就是能够把宝贝如实地展现出来，通常需要突出主体，讲究干净、简洁、清新，因此最好采用纯色背景来凸显宝贝，如图4-45所示。这种拍摄手法比较适合家居、数码、护肤、鞋、包等小件物品，采用模特拍摄的话反而会喧宾夺主。

（2）场景图

场景图能够在展示宝贝的同时，在一定程度上衬托宝贝，但通常需要较高的成本和一定的拍摄技巧。这种拍摄手法适合有一定经济实力、有能力把控商品的展现尺度的卖家，

图4-45　摆拍图

因为要引入场景，运用得不好，可能会增加图片的无效信息，分散了买家的注意力。场景图需要体现出商品的功能，要衬托商品，而不会影响商品展示，如图4-46所示。

图 4-46　场景图

2. 宝贝细节模块

在宝贝整体展示模块里,客户可以找到对商品的大致感,但让客户熟悉商品才是对最后的成交起到关键性作用的一步,这时宝贝细节模块就要开始发挥作用了。细节的阐述比较考验文案挖掘功底,要找出同类相关商品,互相结合优势,尽可能地剖解描述,这样客户更容易对你的商品有更深入的了解。打磨细节模块是让客户更加了解这个商品的主要手段,所以要尽可能地展示商品的材质、细节、做工等问题,如图 4-47 所示。

3. 商品规格参数模块

因为图片在拍摄的时候没有参照物,所以经常有买家在收到商品之后发现跟预期的相差太多而要求退货,因此需要加入商品规格参数模块,如此才能让买家对宝贝有正确的预估,这点对于装鞋帽行业尤其重要,如图 4-48 所示。

图 4-47　宝贝细节

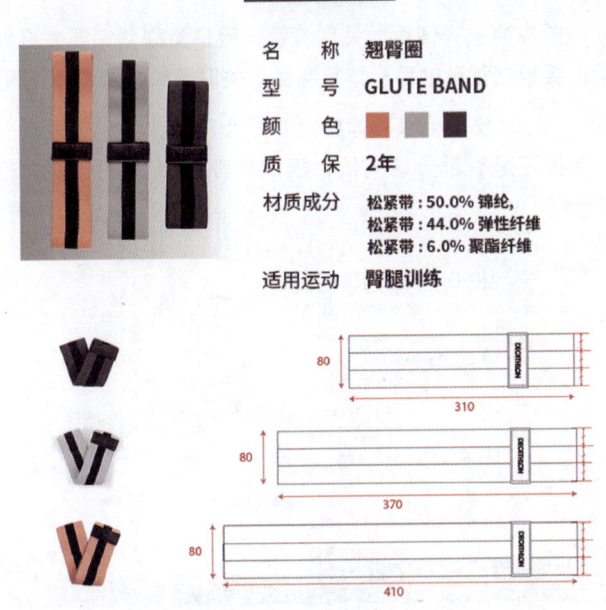

图 4-48　商品规格参数

4. 功能展示模块

和细节模块类似，功能展示模块的主要作用是对宝贝各个功能做详细的解析。因为图片是用于静止地展示商品的使用情况的，所以需要在图片上对宝贝的其他功能做更详细的说明，时下最流行的说明方式是看图说话，不仅能够进一步展示细节，还能对细节进行补充说明，如图 4-49 所示。这样能大大地提高用户对宝贝的认知，但是这种形式要求设计师有非常高的图片处理能力。

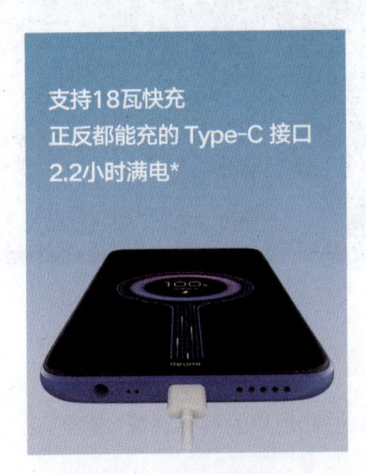

图 4-49　功能展示

5. 关联营销模块

几乎每个店主都知道要在商品详情页做关联营销，但是关联营销要怎么做效果才好呢？关联推荐的宝贝切忌胡乱堆砌，要根据营销的目标选择商品。关联营销主要有以下两种：

- 客户对宝贝不认可的时候，可以推荐相似的另外几款。客户既然点击了这个宝贝，那么就说明他对这个宝贝还是有部分认同的，因此推荐相似款，能够在一定程度上挽回这次交易，如图4-50所示。

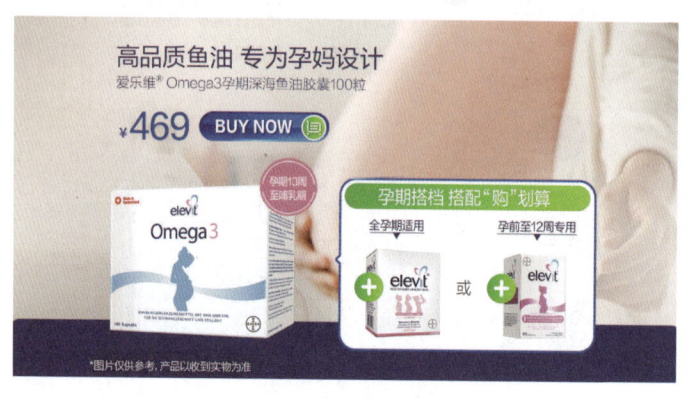

图 4-50　推荐相似款

- 当客户确定要购买这件宝贝的时候，可以推荐与之搭配的另外一个宝贝，以吸引客户购买更多的宝贝，提高成交的客单价，如图4-51所示。客户在确定购买一个宝贝的时候，会下意识地想要降低邮费成本，那么多选购几个宝贝就是不错的选择。

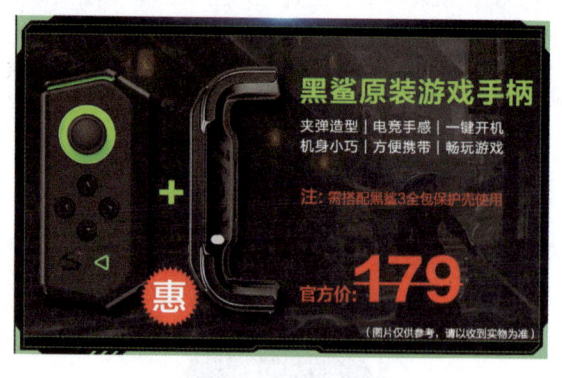

图 4-51　套餐搭配

6. 活动信息模块

详情页中的宝贝促销信息，能够在用户的购买决策中起到临门一脚的作用，如图4-52所示。

项目四　店铺模块的视觉设计

图 4-52　活动信息模块

7. 搭配展示模块

现在客户在淘宝购物时已经不仅只满足于购买商品，而是想要寻找自己的风格，大多数人对于搭配的感觉并不是很敏锐，因此他们更相信专业店主的搭配推荐，如图 4-53 所示。一旦买家接受店主推荐的搭配风格，那么这个客户很可能就会成为店铺的长期忠实客户。

图 4-53　搭配推荐

8. 客服体系模块

完善的客服体系包括售前咨询、售后服务、问题投诉等一整套沟通渠道，让客户方便地找到客服，能够极大地提高客服工作效率。也许普通店铺的流量并没有达到需要设置客服体系的地步，在店铺模板里也可以直接点击旺旺图标，但是在页面里合适的位置放置咨询旺旺图标能够更快地将客户的购买意识转化为交易。

9. 品牌展示模块

品牌展示就是将品牌信息引入到宝贝描述里,从而表明你店里的宝贝是有别于其他店铺普通宝贝的,如图4-54所示。品牌气氛的营造对于帮助消费者对你进行再次记忆,进行二次购物都有很好的效果。

图4-54 品牌展示

如果是功能性商品或者珠宝玉器等贵重物品,最好展示能够证明技术实力的资料,或者能够证明不是虚假广告的文件,或者展示商品制作过程,以此来提高可信度。如果有电视、报纸等新闻媒体的报道,那么收集这些资料并展示给顾客或者进行同类商品对比都是一种很好塑造价值信任感的方法。

10. 包装展示模块

包装也是网上店铺体现服务质量的一个重要组成部分,一个好的包装还能体现店铺的实力,给买家以放心购物延续体验,如图4-55所示。

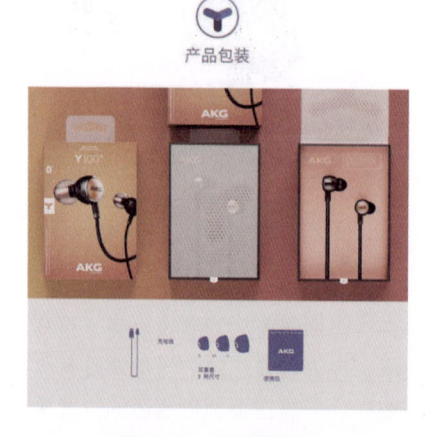

图4-55 包装展示

11. 店主个性模块

店铺是需要灵魂的，我们可以发现，但凡成功的店铺都有自己的独特性格，这种个性我们也可以进一步理解为品牌文化。在标准化的宝贝描述页面中，加入店主的个性阐述，能够达到意想不到的效果。有个性的文案描述，或者阐述店主推荐宝贝的理由，某种程度上都是卖家试图和买家之间进行沟通，并且建立一种相互认同感的方法，如图4-56所示。

图4-56　店主个性展示

12. 会员营销模块

未来淘宝的竞争是客户之争，留住来访的每一个客户，积累好自己的用户群体，是当前竞争的核心环节。目前积累自己客户群体最主要的手段就是会员营销，组建粉丝群、开设各种会员活动、提供会员优惠等都是常用的会员营销方法。有些店铺会在商品详情页面展示会员福利，还有些店铺会专门开辟会员专区页面，对会员福利进行详细描述，如图4-57所示。

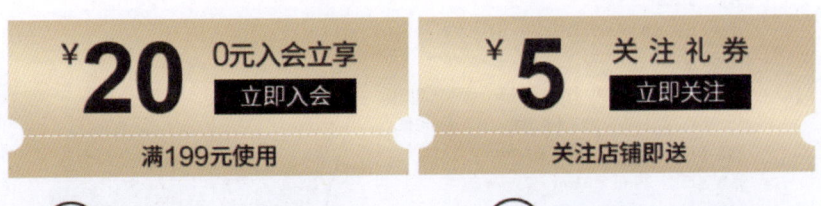

图4-57　会员营销

4.4.2 详情页营销内容设计

营销内容的布局是在以上通用布局的基础上添加营销内容的,如首屏以广告图代替普通的商品整体图,使其更具营销效果,如图4-58所示。

将商品的卖点图文并茂地展示,而不是简单地罗列,如图4-59所示,细节与卖点相结合,将简单的细节图打造成更具营销效果的卖点图。

图4-58 营销型的详情布局　　　　图4-59 细节结合卖点

将商品的功能、材质、说明等商品属性参数与商品相结合,将众多信息压缩整合,优化阅读体验,如图4-60所示。

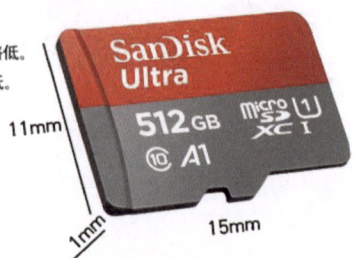

图4-60 商品属性参数与产品整合

不要简单地罗列商品的卖点、特征，而应从消费者的角度出发，展示利益点和场景图，如图 4-61 所示。

图 4-61 以利益点和场景图展示卖点

在进行详情页营销设计过程中，需要注意以下几点：

- 每一个模块的设计都旨在向消费者尽可能多地传递商品信息。
- 延伸店铺的品牌形象。
- 在风格和细节的设计上可以更好地凸显商品的与众不同。
- 让消费者可以深刻探寻到详情页背后的故事。

4.4.3 营销布局误区

下面对营销布局的几个误区进行简单说明。

1. 详情页图片越多越好

我们都知道，图片的视觉展现与营销效果都比文字要好很多，但是很多店铺的详情页会出现这种情况，即对同一类型的图片进行重复堆砌。多个角度展示一件商品可以帮助顾客全面了解商品，但是如果多张图展示的都是商品的正面，不仅浪费了篇幅，也给了顾客不好的体验，如图 4-62 所示。正确的做法应当是用最短的篇幅、最合适的阅读速度，让顾客看到最全面的信息。

图 4-62　多张图只展示了商品的正面

2. 页面信息越多越好

前面介绍了详情页通用布局模块,但是不是这些模块都用上就比较好呢?其实这需要根据自己店铺的特色和实际情况,在扬长避短的原则下进行适当组合和运用。模块间的相互组合要分清主次,有的模块是整个宝贝描述的最主要的部分;有的模块则担当修饰的作用,让宝贝看上去更加诱人,给人更多的购买理由。

通常来说,标准化商品,如 3C 数码、手机、相机、PC 等类目的商品,价格较高,客户购买相对比较理性,对商品的功能需求关注度非常高。这就要求卖家在进行宝贝描述的时候,要丰富吸引买家的注意力。宝贝细节、商品规格参数、功能展示这几个模块的信息内容越多,越能吸引买家的注意力。

对于非标准化商品,如女装、包包、饰品等类目,在购买商品的时候,冲动消费对于买家购物的影响更大一些。这个时候,就需要格外强大的宝贝展示模块,场景图、氛围烘托图要尽可能抓住目标群体的眼球。淘宝店主个性模块,能做好的要尽量做好,用户对店铺的认可越多,店铺的发展前景越好。

3. 模特图越多越好

服装类的商品使用模特图会更容易吸引消费者,但是过多的图片会造成一种情况,即当消费者滚动页面查找尺码表时,上面的图片还没有全部显示,当滚动到尺码表的页面时,上面的图片开始一张一张地跳出来,结果尺码表又不知道哪儿去了,只好重新滚动页面查找,带来很不好的用户体验。这是很多服装店铺常犯的错误。

4.4.4 爆款商品详情页面分析

商品详情页面的设计无论采用何种风格或方式，都应当站在顾客的立场上考虑问题，不管是把顾客要挑选的商品显示出来，还是注意商品图片和实物的差异性，其目的都是给顾客提供更大的便利。

分析一些热销商品的详情页面，我们发现处处都彰显着店主的良苦用心，从他们的商品页面中，可以总结出一些共有的特点。

1. 页面生动有趣

页面做得好，并不取决于其长度，而是内容。与短页面相比，长页面虽然可以显示更多的商品，但也容易使人感到厌倦。以服装商品为例，特别是女装卖家，整体图、模特图、效果图动辄几十张，很容易将商品描述中的图片堆砌得特别多、特别长。图片确实很重要，但是我们也要考虑到，顾客更关注什么，如大码女装的顾客最关注的肯定是尺码，尺码合适才会去看图片。而现在很多卖家将尺码放在所有图片的下面，也就是说，当顾客用鼠标往下拖时，整体图、细节图、模特图，这么多图片，一张一张地出现，好不容易看到尺码表了，还没看清，前面的图片又刷新跳出来，把尺码表往下挪了，这样顾客的体验就特别不好。

让顾客耐心读完一个三米长的商品描述是特别困难的，因此商品页面的设计必须使顾客在购物过程中保持新鲜感。结构上要展示商品并搭配商品各种照片，不断与顾客交流，另外就是应该使用顾客喜欢的语言展示顾客想看的图片，生动的照片、亲切的文字、自由的版式设计、轻松愉快的氛围等，都可能使顾客愉快地下拉滚动条。如果不能做到完全有趣，那么就不要盲目追求长页面。

2. 准确详细的商品信息介绍

在网上做买卖，最重要的是如何把自己的商品信息准确详细地传递给客户。

商品图片不能反映的信息，如材料、商品性能、产地、售后服务、生产厂家，以及对于较同类商品有优势和特色的地方一定要详细地描述出来。

商品描述一定要语言精美，要能全面概括商品的相关属性，最好还能介绍一些使用方法和注意事项，更加贴心地为客户考虑。

要注意服务意识和规避纠纷，一些顾客平时很关心的问题，如有关商品问题的介绍和解释等都要有。

可以使用"文字+图像+表格"的方式来描述，这样便于买家更加直观地了解商品，增加购买的可能性。

3. 通过图片直观展示商品实际大小

在说明商品尺寸时，虽然标明准确的数值很重要，但最好同时展示更为直观的图片对比，如

图 4-63 所示。很多服装类卖家用真人模特进行拍摄,并且标明模特身材和商品尺码,这样的拍摄方式不仅能够让顾客了解商品的实际大小,还能更好地展示商品的线条和样式,甚至是商品的质感。

提示:在挑选模特时要注意尽量选择适合衣服气质的模特,不能随便找个人来穿上就拍,那样会影响部分服装的展示效果。

4. 引导购买

顾客买了一件商品时,就总会想着再找到和这件商品搭配的附属商品,如买件衣服就还想买个搭配的裤子,但是让他们自己去逐个搜索,既浪费时间,又不能省钱。于是卖家把几个相关商品搭配组合成套餐,如护肤品组合、数码套餐、服装搭配等,买家购物时可以灵活选择套餐中的任意几个商品,套餐的总价低于原商品一口价的总和,搭配套餐起到的就是这样一种引导购买的作用。

图 4-63 直观展示商品实际大小

5. 文字清晰易读

文字在商品描述中虽然主要用于为了传达信息,但同时也可以作为设计要素,与图片同时使用的文字既能吸引顾客的注意,也会使页面更加生动亲切。如果要准确快捷地传达信息,文字就需要具有很强的可读性,使用大号字体或醒目的颜色是提高文字可读性最基本的方法。如果文字内容较多,则需要留出足够的空白来分段。如图 4-64 所示,在深色背景上使用白色字体,并且以类似表格的形式将几段文字内容分隔开来都提高了页面中文字的可读性。

图 4-64 文字清晰易读

【思政园地】

工匠精神篇——如切如磋 如琢如磨：以工匠精神为中国电商力量凝神铸魂

职业素养

党的二十大报告提出要努力培养造就更多大师、战略科学家、一流科技领军人才和创新团队、青年科技人才、卓越工程师、大国工匠、高技能人才。

初心铸魂，匠心筑梦。古往今来，工匠精神一直是我国各行各业从业者的职业道德根本，也影响着世界各国匠人。长城故宫宏伟壮丽，一砖一瓦尽是匠人们的精雕细琢；瓷器丝绸精美雅致，每一道工艺都倾注匠人们的万千心血。从《诗经》吟诵的"如切如磋，如琢如磨"，到庄子笔下的庖丁解牛"游刃有余"；从拥有"四大发明"的文明古国，到连续十余年位居世界第一的制造大国。

工匠精神与中华民族传统文化精神同源。在中国文化的历史长河里，工匠精神在岁月的沉淀洗礼中，焕发了崭新的时代内涵："严谨认真，精益求精，勇于创新"。作为视觉营销设计从业者，小到字体大小，大到品牌整体规划，都需要设计师具备精雕细琢、钻研专注、勇于创新的品质。只有精益求精、力求完美，才能够在竞争激烈的商品中脱颖而出。

案例介绍

《我在故宫修文物》是一部拍摄故宫稀世文物修复故事的纪录片，围绕着整部纪录片的核心——"匠心精神"而设计的六张定档海报，一经发布，迅速走红，成为国产影视海报中的典型范例。这组海报以6件国宝级珍贵文物为背景，分别是明代"锡红水仙花纹图盘"、明代"边景昭竹鹤图轴"、清代"黑色绸绣菊花双蝶图竹柄团扇"、清晚期"掐丝珐琅万寿无疆中碗"、明代"自在观音像"、宋代"汝窑天青釉弦纹三足樽"。粗略一看，会让人以为主体是一些外形产生了裂痕的文物，细细看来，则会发现每个裂缝处都有缩小版的修复师正在修补文物，这也对应了"大历史，小工匠，择一事，终一生"的工匠精神和修身哲学的故事主题。

设计师以中国古文物作为主题元素，将中国传统文化元素运用在海报设计中，向我们展示了中国传统文化的内涵与底蕴。设计师运用现代设计理念与中国传统美学结合的创意手法，呈现出设计与文化碰撞的丰富内涵，对我国的文化瑰宝和其中的艺术底蕴做了更深层面的探索与研究，同时向我们传达工匠精神是摒弃浮躁、不忘初心的情怀，是精益求精、追求极致的信仰。《我在故宫修文物》系列海报设计如图 4-65 所示。

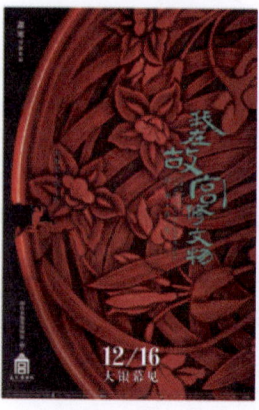

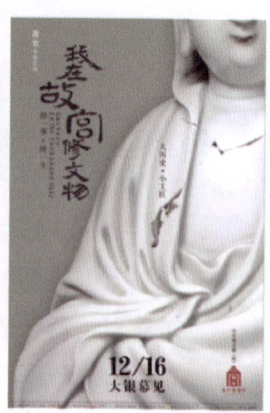

图 4-65 《我在故宫修文物》系列海报设计

北京故宫博物院是中国规模最大、最具传统特色的历史文化博物馆，它蕴含独特的民俗文化内涵，体现了强烈的民族审美，为趣味生活注入了活力。故宫博物院率先将宫廷文化与创意产品相结合，推出一系列文创产品，其文创产品发展策略使得故宫品牌登上博物馆行业发展的制高点。

2014 年，一篇阅读量超 10 万的推文《雍正：感觉自己萌萌哒》引爆了严肃的博物馆文创市场，掀起了一波接地气的创意风潮。2017 年，国内博物馆文创营收总额 35.2 亿元，其中仅故宫淘宝的销售收入就突破 15 亿元。从故宫国风纸胶带、故宫小确幸笔记本、瑞启红福手绳，到紫禁太平有象书签、祥瑞主题手机壳、紫禁福禄寿杯、千里江山手提袋等，故宫博物院文化创意产品的设计理念中既有创新精神，又有对凝结在历史器物上的匠心营造。

总结

工匠精神代表一种精益求精的工作态度、一种爱岗敬业的良好品德及对知识的无尽渴望，作为视觉营销设计师，在图片处理环节，需要对图片进行去杂物、抠图等操作。尽管操作原理和步骤相同，但不同人操作的效果却千差万别，因此，我们在学习网店视觉设计这项技能时，要严格要求自己，培养敬业、专注、创新、精益求精的工匠精神。

【实训案例】

1. 实训背景

　　方晓宇同学的螺蛳粉店铺开设好了之后，决定对店铺中的商品进行营销分类，分别对其中的主推款、引流款、利润款等进行特定的视觉设计，来满足不同商品在营销方面的需求。

　　螺蛳粉的商品种类非常多，而且每家都有自己特别的配方。还有部分厂商为了满足部分人群"嗜辣""健康""方便"等不同需求，设计生产出不同包装、口感的螺蛳粉。方晓宇先通过1688对接了部分厂家，购买了部分样品，决定和运营部门、美工部分的同事共同决定商品的销售。

　　同时，有针对性地制作不同海报和直通车主图，满足每个商品在店铺中的定位和作用，提升店铺的运营效率和效果。

2. 实训目标

（1）掌握对商品的分析能力，总结其相应卖点。
（2）掌握对商品卖点以视觉化语言进行表达的能力。
（3）掌握综合应用不同视觉元素完成营销图片的美化。

3. 实训步骤

　　本实训以3～4人一组为单位进行，通过对网上的不同螺蛳粉进行分析，找到其中的共性点和特殊卖点。对比自己所拥有的商品，找出商品的卖点。针对不同卖点进行商品海报图的设计。

　　（1）以3～4人一组为单位自行分组并选出组长，对淘宝网上热卖的8款螺蛳粉进行商品调研分析，总结其特点及卖点，如图4-66所示。

图4-66　8款螺蛳粉

（2）对比自己当前所拥有的螺蛳粉商品，提取其中的卖点形成相应关键词，并对关键词进行筛选和整理，明确其中的一级、二级关键词。

（3）针对核心卖点及关键词到千图网、Pixabay等素材网站下载相应的素材，然后对选取好的素材进行视觉化表达，设计一张营销海报。

（4）对比不同小组的营销海报，精选出一张最具美观、营销属性的海报。对其他海报给出相应的修改建议。

（5）针对以上商品的卖点，给出商品详情图的设计思路。

05

项目五
营销视觉规范

【学习目标】

1. 掌握淘宝商品图上传规范。
2. 掌握天猫商品图上传规范。
3. 了解淘宝场景图上传规范。
4. 了解天猫国际直营（买遍全球）商品图上传规范。

【任务分析】

1. 商品图上传规范。
2. 场景图使用规范。

【任务学习】

5.1 商品图上传规范

5.1.1 淘宝商品图上传规范

1. 白底图

（1）白底图概述

淘宝商品白底图就是白色背景加商品展示的图像。白底图能够突出商品，而且能与手机淘宝首页白色背景融合，给人以整体美感，干净清爽。白底图基础格式规范，即图像必须达到的基本格式要求为：

- 图片背景：白色（#ffffff）。
- 图片尺寸：800像素×800像素。
- 图片分辨率：72像素/英寸。
- 图片存储格式：PNG/JPG。
- 图片容量大小：小于3MB。

淘宝商品图设计有一些禁忌，即不允许出现的范围。淘宝商品图严禁出现以下类型：

- 敏感类目。
- 违禁商品。
- 政治敏感。
- 宗教敏感。
- 丧葬用品。

（2）构图的基本原则

依据规范，将图片几何化，商品主体展示完整，根据商品图像的类型确定构图原则为顶边原则（四周顶边、上下顶边、左右顶边、对角顶边）。商品图基础图形如图5-1所示。

图 5-1　白底图基础图形

白底图构图类型如图5-2所示。

图 5-2　白底图构图类型

常见易错构图类型如图5-3所示。

| 偏移 | 超出范围 | 过小 | 重心偏移 |

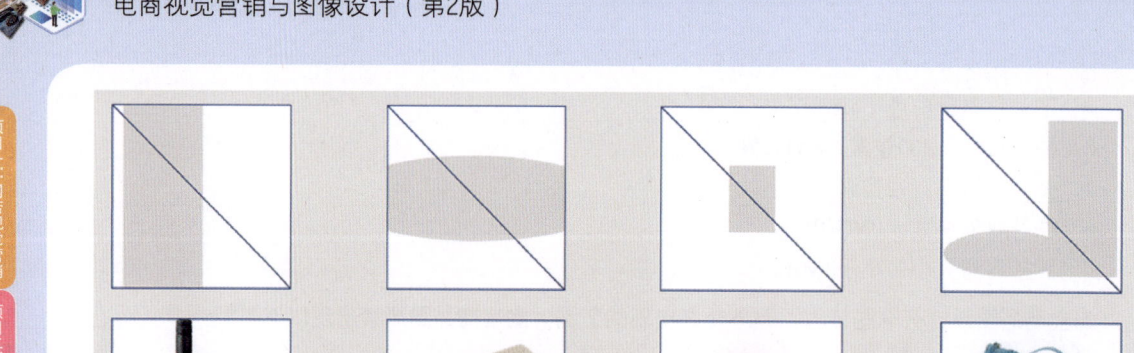

图 5-3　易错构图类型

（3）基础规范通用要求

- 背景需要为纯白色，不能有多余的未处理干净的线条、边框、元素。
- 不允许出现模特，只允许有商品。
- 不允许有阴影，抠图要细致，不允许有毛糙的抠图痕迹。
- 商品只允许单个主体，不允许多个商品（套装除外，套装不可以超过5个商品）。
- 不要形成拼合的商品图，不要有人体的部位图。
- 不要有文字、logo、水印等。
- 主体要完整，不破损，不要有拉伸变形。
- 主体不要模糊，边缘要清晰，不要有偏色，颜色不要太浅，也不要倾斜严重。
- 主体要有识别度，能辨认是什么商品。
- 严禁出现违禁素材，包括商品自身、商品上的图案、商品的形状。

正确和错误的案例列举如图 5-4 所示。

2. 透明底图

（1）透明底图的基本格式

透明底图是指符合淘宝要求的透明背景的商品图片。透明底图基础格式规范，即图像必须达到的基本格式要求为：

- 图片背景：透明。
- 图片尺寸：800像素×800像素。
- 图片分辨率：72像素/英寸。
- 图片存储格式：PNG。
- 图片容量大小：小于3MB。

项目五　营销视觉规范

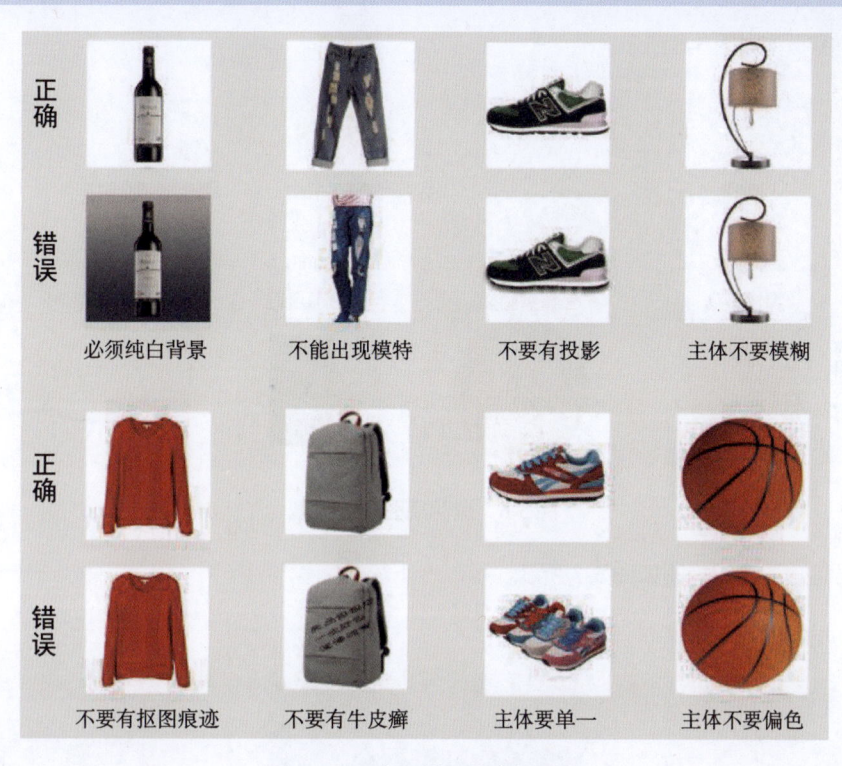

正确				
错误				
	必须纯白背景	不能出现模特	不要有投影	主体不要模糊
正确				
错误				
	不要有抠图痕迹	不要有牛皮癣	主体要单一	主体不要偏色

图 5-4　正确和错误的案例列举

严禁出现以下类型：

- 敏感类目。
- 违禁商品。
- 政治敏感。
- 宗教敏感。
- 丧葬用品。

（2）构图的基本原则

依据规范，将图片几何化，归类为方形（正方形和长方形）和圆形，商品主体展示完整，根据商品图像的类型确定构图原则为：撑满画面、上下顶边、左右顶边。商品图基础图形如图 5-5 所示。

| 正方形 | 圆形 | 长方形Ⅰ | 长方形Ⅱ |

图 5-5　透明底图基础图形

135

商品构图类型如图 5-6 所示。

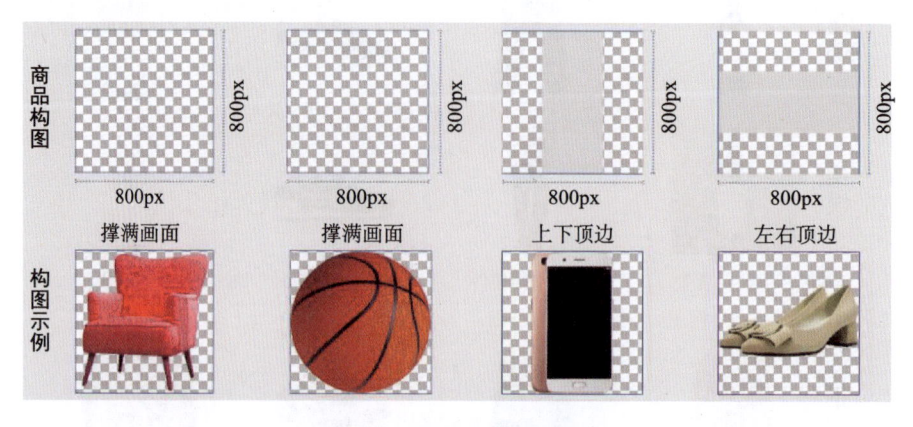

图 5-6　透明底图构图类型

常见易错透明底图构图如图 5-7 所示。

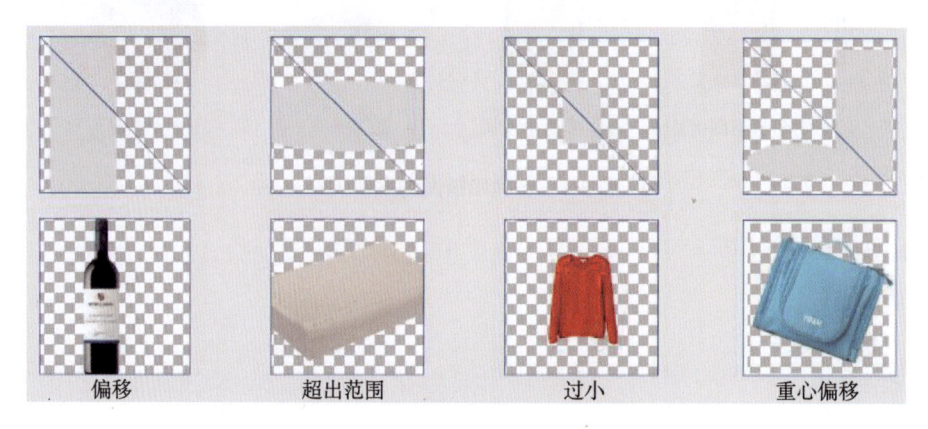

图 5-7　易错透明底图构图类型

（3）基础规范通用要求

- 背景必须透明。
- 主体（上下/左右）要顶边。
- 单主体，不允许有多个商品（套装除外）。
- 不要有拼合的商品图，不要有人体的部位。
- 主体要有识别度，能辨认出商品。
- 不允许有阴影。
- 不允许出现模特，只允许有商品。
- 主体完整，不破损，也不要拉伸变形。

- 主体要清晰，不偏色不模糊。
- 无牛皮癣，不要有文字、logo、水印等，不能有未处理干净的线条、边框。

正确和错误的案例列举如图 5-8 所示。

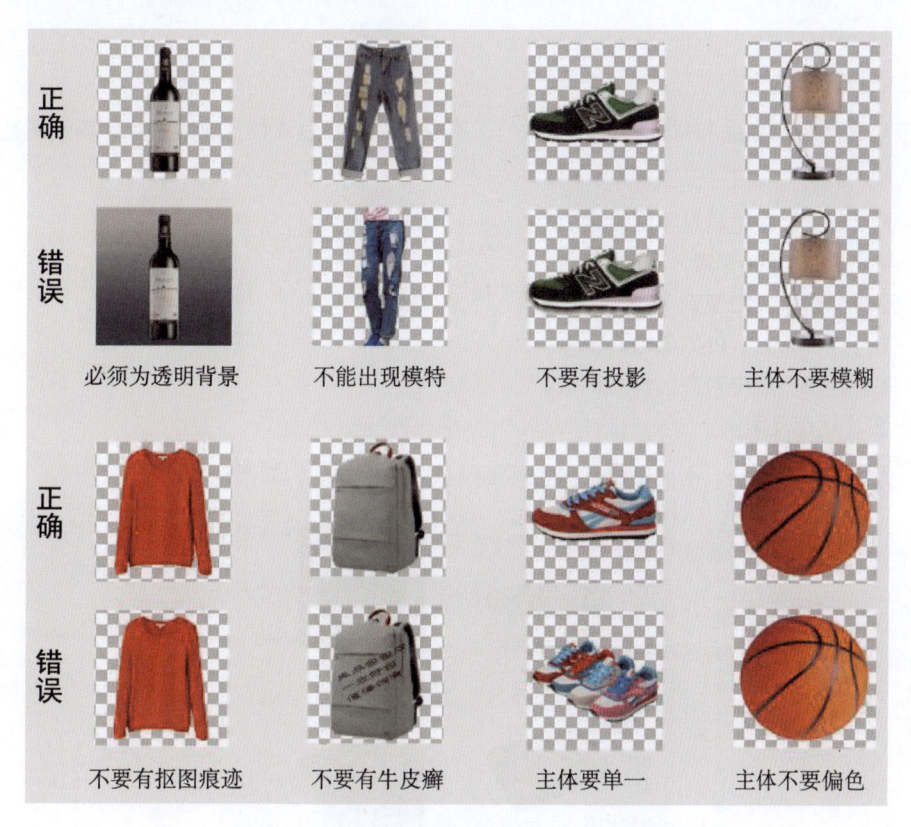

图 5-8　正确和错误的案例列举（透明底图）

（4）特殊行业类目及差异性图片规范

- 内衣行业：不允许出现情趣类、医疗类及特殊商品（义乳、开裆内裤等）。
- 小家电行业：电动牙刷等细长型商品可以有多主体，排成列，不要出现人体部位如手、脚等肢体。
- 户外运动行业：鱼竿、鱼饵和鱼线等细长条形商品可以多个排列，可以不顶边。
- 运动服行业：运动套装可以用一张图展示，鞋子可以增加投影，但需要单色单只，不要出现拼色、吊牌等。
- 二次元商品：允许有模特图、动画图。
- 家装：全屋定制，大件组合商品可居中摆放；装修设计、施工等颜色不要过白或过淡；家装主材，允许商品套装；平面商品、壁纸、细长商品或多个商品等可以多个排列；基础建材、电子电工商品允许商品套装。

- 宠物：允许活物宠物出现。
- 美妆：商品需正面拍摄，不要有角度图、俯视图。
- 纸品湿巾类：不允许无包装的纸品，不允许只有纸箱的纸品。

3. 场景图

（1）场景图基本格式

淘宝场景图是指商品和背景图融为一体的、不是通过抠图后背景合成的图片，场景图基本格式要求为：

- 图片背景：根据场景氛围设定。
- 图片尺寸：800像素×800像素。
- 图片分辨率：72像素/英寸。
- 图片存储格式：PNG/JPG。
- 图片构图：居中对齐、构图饱满。

（2）图片规范及案例

- 背景需干净整洁，不要杂乱，颜色不要过多，不要白底，如图5-9所示。

图5-9　场景图案例（1）

- 主体必须清晰，不能虚化、拼图或合成图，也不能过度修图，如曝光过度、偏色等，如图5-10所示。

图5-10　场景图案例（2）

- 主体展示完整，核心突出，位置居中，构图饱满，主体不变形，重心不倾斜。如图5-11所示为错误案例。

主体不突出　　　　主体变形倾斜

图 5-11　场景图案例（3）

- 不能有牛皮癣、logo、文字、水印，不要圆形，不留白边。如图5-12所示为错误案例。

牛皮癣　　　　不留白边

图 5-12　场景图案例（4）

4. 长图（2∶3）

（1）长图的基本格式

淘宝长图是用来详细介绍商品的一张图片，因为是长方形的，所以称为长图。长图基础格式规范，即图像必须达到的基本格式要求为：

- 图片背景：干净整洁，不要白底。
- 图片尺寸：800像素×1200像素。
- 图片存储格式：JPG。
- 图片容量大小：小于3MB。

（2）图片规范及案例

- 背景需干净整洁，不要杂乱，背景颜色不要过多，也不要白底，须是实拍图、模特图，或者有场景的图片，常见错误案例如图5-13所示。

不要白底图　　　　　背景不要杂乱

图5-13　长图案例（1）

- 主要包含的类目为男装、女装、运动装、童装、孕妇装等。
- 主体必须清晰，不能虚化、拼图或合成图，也不能过度修图，如曝光过度、偏色等，常见错误如图5-14所示。

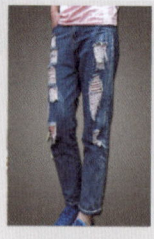

主体不要暗沉　　不要拼图　　不要合成图　　不要曝光过度　　不要颜色偏差失真

图5-14　长图案例（2）

- 不要有牛皮癣、logo、文字、水印，不留白边，不要加暗角，常见错误如图5-15所示。

不要有牛皮癣　　不要出现水印文字　　不要出现logo　　不留白边

图5-15　长图案例（3）

- 需要模特图、场景图，不要拉伸变形，也不要出现衣架和人体局部摆拍；纯色背景无毛边，不要有多余物品，常见错误如图5-16所示。

图5-16　长图案例（4）

5. 卖点文案规范

淘宝卖点文案是指商品图像上的文字内容。卖点文案规范为：商品图片+短卖点文案。

卖点文案要求为：

- 文字格式及字数：6～12个中文字，两个英文字符或数字当作一个中文字处理。
- 文案输出需提交2条，且2条信息内容不可相似。
- 可输入品牌优势、获奖信息、外界背书等品牌、商品可靠推荐描述。
- 可输入本店特色服务/品质特点（如售后保养服务等）。
- 可输入商品本身的优势特点。
- 不可有营销利益点，不可发布属性词，也不可夸大其词、与事实不符，还不可用语过于宽泛无针对性。不可使用用户无法理解的专业术语，也不可有无意义的描述。
- 不可有反广告法、强营销词汇等违禁词，具体可参照淘宝网虚假宣传管控公告。

6. 店铺图素材内容规范

店铺图素材是指构建店铺图的文字、图像、标签等内容。素材包含几个部分：文字内容规范、印象标签、图片素材规范。

（1）文字内容规范

- 文字内容出现在店铺上方。
- 含标点、符号、中英文字符等共16～24字。
- 内容要求：文字内容信息要简要、直白，描述店铺最吸引顾客的细节或特点，建议用对话式的白话语言编写。

（2）印象标签

单选标：从20个泛标签中选择最符合店铺的一个。

开放标：可填 1~3 个、单个标签中文字在 2~6 个之间。

（3）图片素材规范

①图片比例：横图比例为 16∶9，尺寸为 900 像素 ×506 像素；竖图比例为 9∶16，尺寸为 900 像素 ×1600 像素，如图 5-17 所示。

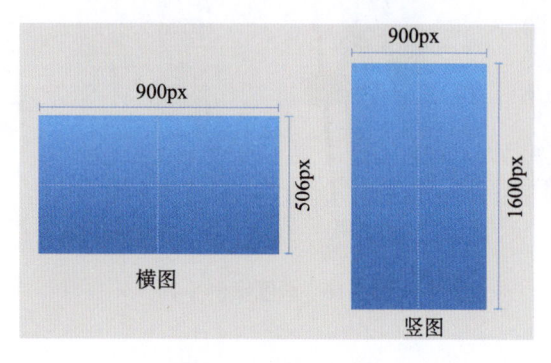

图 5-17　图片比例

②素材规范要求。

- 图片为海报图，可以是有场景的图片、细节特写图、模特图，不允许出现白底图。
- 禁止出现任何文字、水印、牛皮癣或 logo 等。
- 画面主体居中对齐，构图不要倾斜、扭曲或偏移。
- 主体要突出，无杂乱信息，比例和谐，品质感强。

5.1.2　天猫商品图上传规范

1. 透明底图

（1）透明底图基本格式

天猫透明底图是指符合要求的透明背景的商品图片。透明底图基础格式规范，即图像必须达到的基本格式要求为：

- 图片背景：透明。
- 图片尺寸：800 像素×800 像素。
- 图片分辨率：72 像素/英寸。
- 图片存储格式：PNG。
- 图片容量大小：小于 3MB。
- 商品构图：居中对齐、画布撑满。

严禁出现以下类型：

- 敏感类目。

- 违禁商品。
- 政治敏感。
- 宗教敏感。
- 丧葬用品。

（2）透明图的图片规范

- 背景必须透明，抠图必须干净无毛刺，无阴影和倒影，不能有多余的未处理干净的线条、边框、元素。
- 只允许有商品，不允许出现模特，不要出现任何的人体部位。
- 商品只允许单个主体，不允许多个商品（套装除外，套装不可以超过5个商品）。
- 不要拼合商品图，不要有文字、logo、水印，主体要清晰完整，不破损，不要拉伸变形，也不要倾斜严重。

（3）透明图的图片标准

主体展示要完整清晰，保证上下顶边或左右顶边，撑满整个画布，不要留白，如图 5-18 所示。

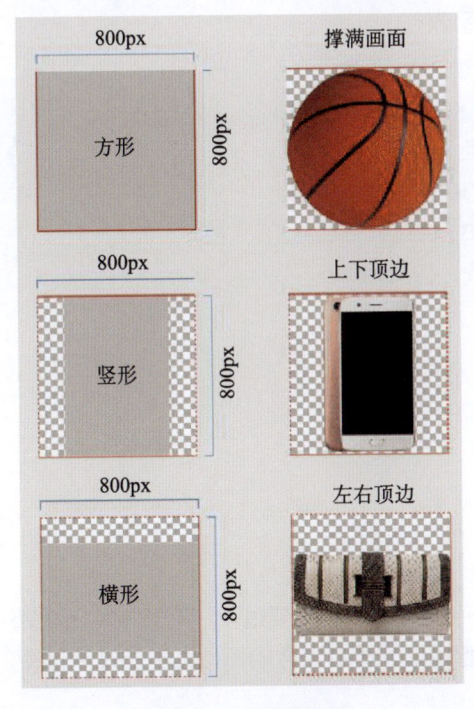

图 5-18　图片构图

常见错误的样式如图 5-19 所示。

图 5-19 常见错误的样式

2. 方版场景图

（1）方版场景图基本格式

方版场景图基本格式要求为：

- 图片背景：根据场景氛围来设置。
- 图片尺寸：800像素×800像素。
- 图片分辨率：72像素/英寸。
- 图片存储格式：PNG/JPG。
- 图片大小：小于3MB。
- 图片构图：居中对齐、构图饱满。

严禁出现以下类型：

- 敏感类目。
- 违禁商品。
- 政治敏感。
- 宗教敏感。
- 丧葬用品。

（2）图片规范及案例

- 背景需干净整洁，不要杂乱，颜色不要过多，不要白底，如图5-20所示。
- 主体必须清晰，不能虚化、拼图或合成图，也不能过度修图，如曝光过度、偏色等，如图5-21所示。
- 主体展示应完整，核心突出，位置居中，构图饱满，主体不变形，重心不倾斜，如图5-22所示。
- 不要有牛皮癣、logo、文字、水印，不要圆形，不留白边，如图5-23所示。

项目五　营销视觉规范

正确

错误

不要白底　　　　背景杂乱不搭

图 5-20　方版场景图案例（1）

主体虚化模糊　　曝光过度偏色

图 5-21　方版场景图案例（2）

主体不突出　　　主体变形倾斜

图 5-22　方版场景图案例（3）

牛皮癣　　　　　不留白边

图 5-23　方版场景图案例（4）

145

3. 横版和竖版场景图

（1）横版和竖版场景图基本格式

横版和竖版场景图基本格式要求为：

- 图片背景：根据场景氛围来设置。
- 图片尺寸：800像素×400像素（横版图）、600像素×800像素（竖版图）。
- 图片分辨率：72像素/英寸。
- 图片存储格式：PNG/JPG。
- 图片大小：小于3MB。
- 图片构图：居中对齐、画布撑满。

严禁出现以下类型：

- 敏感类目。
- 违禁商品。
- 政治敏感。
- 宗教敏感。
- 丧葬用品。

（2）图片规范及案例

- 背景要干净整洁，不要杂乱，颜色不要过多，不要白底，如图5-24所示。

图 5-24　横版和竖版场景图案例（1）

- 主体要清晰，不能虚化、拼图或合成图，也不能过度修图，如曝光过度、偏色等，如图5-25所示。
- 主体展示要完整，核心突出，位置居中，构图饱满，主体不变形，重心不倾斜，不要有衣架，如图5-26所示。
- 不要有牛皮癣、logo、文字、水印，不要圆形，不留白边，如图5-27所示。

项目五 营销视觉规范

| 主体不要暗沉 | 不要拼图 | 不要合成图 | 不要曝光过度 | 不要颜色偏差失真 |

图 5-25　横版和竖版场景图案例（2）

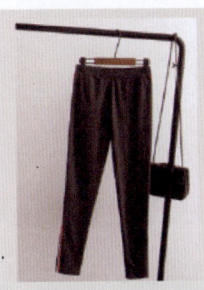

| 不要拉伸变形 | 不要有衣架 | 不要人体局部摆拍 | 不要多余无关物品 |

图 5-26　横版和竖版场景图案例（3）

| 不要牛皮癣 | 不要出现水印文字 | 不要出现 logo | 不要留白边 |

图 5-27　横版和竖版场景图案例（4）

147

5.2 场景图使用规范

5.2.1 淘宝场景图上传规范

不同的淘宝前台场景有不同的上传规范。

1. 我淘我家场景规范

（1）图像的基本格式

图像的基本格式要求为：

- 图片尺寸：800像素×800像素。
- 图片存储格式：PNG（透明底图）。
- 图片容量大小：小于80KB。

（2）角度选取

背景和商品需要采用平视角度，商品要尽量放大到接近边框，也尽量使用平视正面图或者平视45度角，角度不要偏离平视。

（3）商品选取

商品显示要完整、高清，不可以有水印和投影，不要有明显的环境光；抠图不要有毛糙、锯齿和白边。

2. 时尚大咖/有好货/生活研究所场景规范

（1）图像的基本格式

图像的基本格式要求为：

- 图片存储格式：JPG/PNG。
- 图片背景：纯白。
- 图片尺寸：800像素×800像素。

（2）图像规范

- 商品居中不顶边，与四边各预留50像素，主体在有效区间内，保持30%留白，70%填充感，如图5-28所示。
- 主体清晰干净，不模糊，背景要纯白色，如图5-29所示。
- 商品需要为正面图，图片要饱满，构图要水平无倾斜，无重心偏移。
- 无文案、logo、水印等元素。
- 图片主题、风格、主体物、色彩必须明确。
- 建议使用带有明显色彩倾向的模特图或商品图。不要使用太裸露或具有性暗示的模特图。
- 尽量使用质量较高的店铺图像。

错误案例如图 5-30 所示。

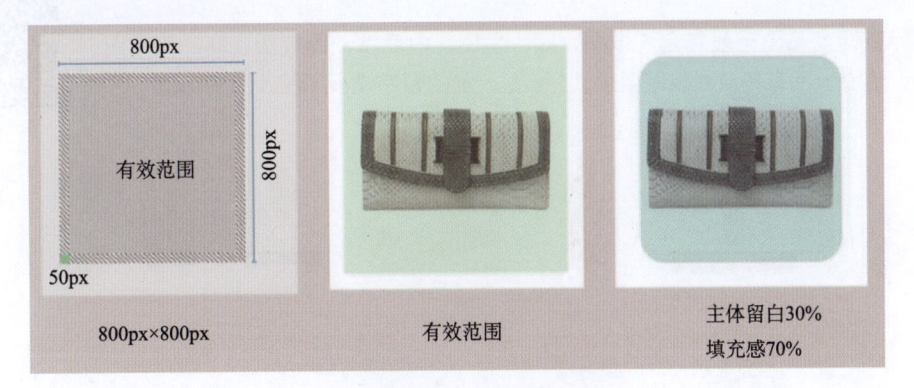

图 5-28　尺寸规范

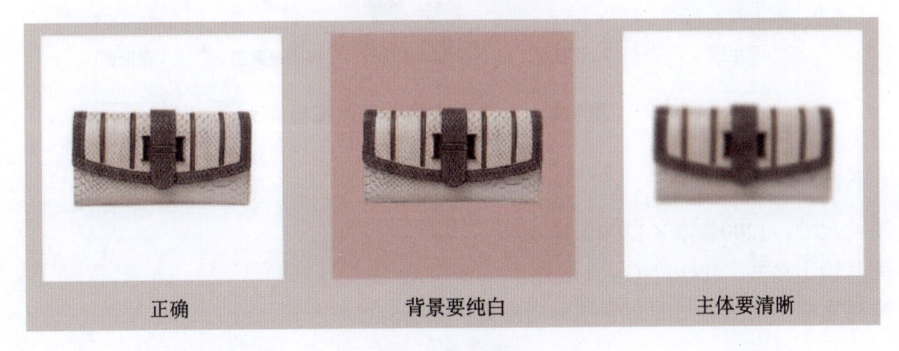

图 5-29　案例

图 5-30　错误案例

5.2.2　天猫国际直营（买遍全球）商品图上传规范

国际直营商品图一般包含 5 张图，即：主图、白底图、细节图、商品来源图、氛围图，这 5 张图有各自的规范要求。5 张图放置的顺序模板如图 5-31 所示。

图 5-31　5 张图放置的顺序模板

1. 基本格式规范

- 图片尺寸：1200像素×1200像素。
- 图片输出格式：JPG/PNG。
- 商品居中不顶边，与四边各预留50像素，如图5-32所示。

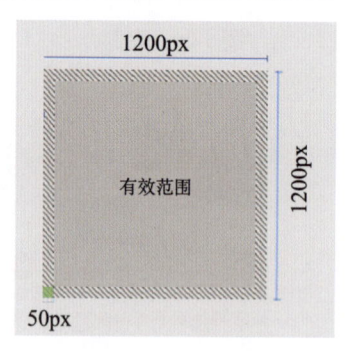

图 5-32　尺寸规范

2. 主图规范

主图需要包含直营标识别、商品正面图、主副利益点等信息，设计规范如图 5-33 所示。

图 5-33　主图规范

3. 白底图规范

- 主体清晰干净，不模糊，背景要采用纯白色，如图5-34所示。

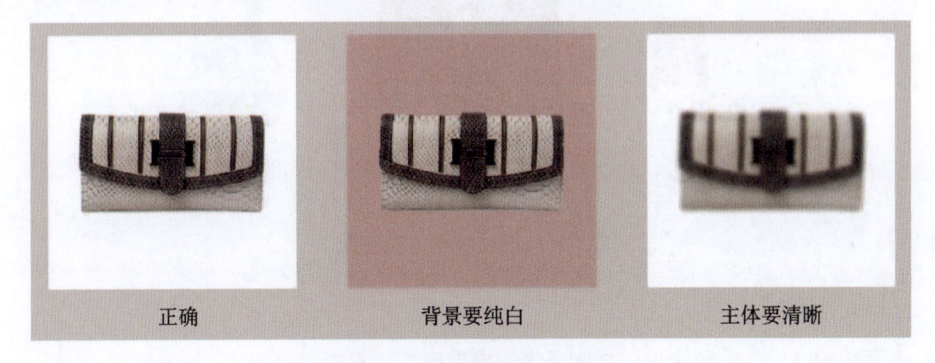

图 5-34　白底图案例（1）

- 商品居中不顶边，与四边各预留50像素，主体在有效区间内，保持30%留白，70%填充感，如图5-35所示。

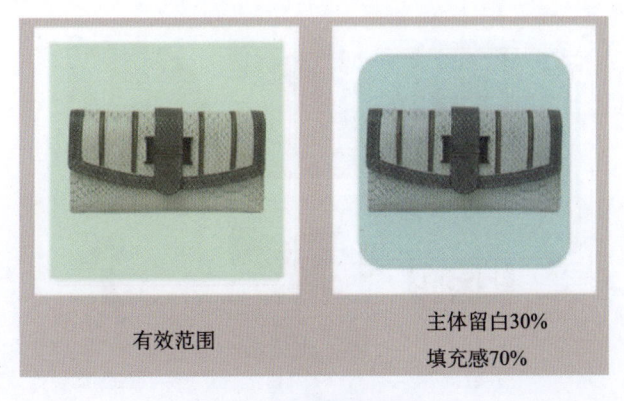

图 5-35　白底图案例（2）

- 商品图片需要为正面图，并且图片要饱满，构图要水平无倾斜，无重心偏移。
- 无文案、logo、水印等元素。
- 图片主题、风格、主体物、色彩必须明确。

错误案例如图 5-36 所示。

图 5-36　错误案例（白底图）

4. 细节图规范

- 画面结构稳定，主题突出，氛围感强，撑满画布，不要白底图。
- 背景不要过于突出，背景可虚化，图像要强调主体，主体不要模糊。
- 质地清晰，放大细节与局部，突出产品的材质、工艺、表面、优点，不要过度失真。

常见案例如图 5-37 所示。

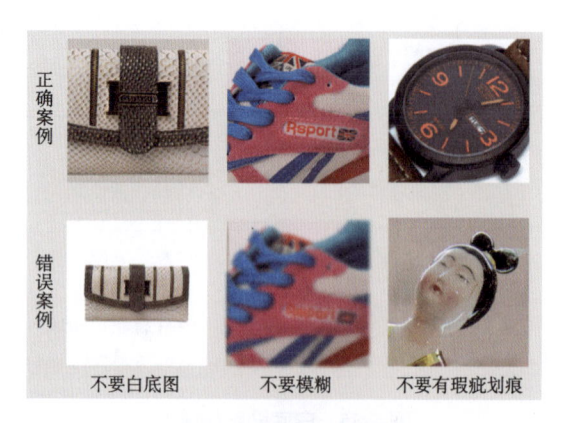

图 5-37　细节图案例

5. 商品来源图规范

商品来源图需按照规定的模板设计，分为商超模板和贵品模板，可参考如图 5-38 和图 5-39 所示规范。

图 5-38　商超模板（商品来源图）

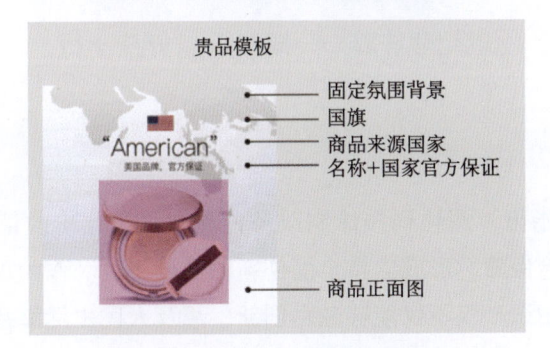

图 5-39　贵品模板（商品来源图）

6. 氛围图规范

氛围图需干净整洁，背景不要杂乱，颜色不要过多，不能是白底的。氛围图素材需要按照规范设计，规范如图 5-40 和图 5-41 所示。

图 5-40　商超模板（氛围图）

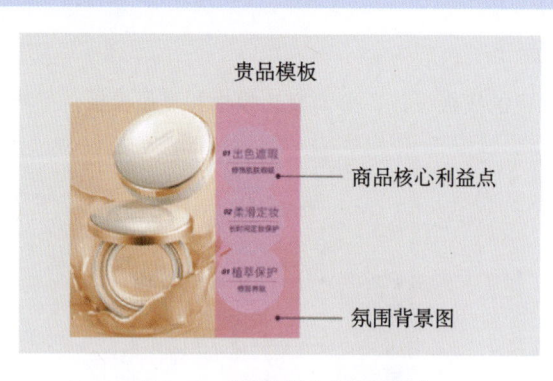

图 5-41　贵品模板（氛围图）

【思政园地】

遵纪守法篇——知法于心 守法于行

职业素养

党的二十大报告指出，深化科技体制改革，深化科技评价改革，加大多元化科技投入，加强知识产权法治保障，形成支持全面创新的基础制度。作为现代市场经济的重要产权形式和制度规则，知识产权不仅能够激励创新、惠及人民生活幸福，更关涉到国家治理能力的现代化与对外开放大局。

电子商务平台是知识产权侵权的"高危地带"，不仅需要自行遵守知识产权保护规则，还需要制定有效的规则措施，并保障平台内经营者和个人用户遵守。平台对平台内经营者和用户的行为具有直接的控制能力，一旦在平台内部出现知识产权侵权行为，平台作为交易场所的控制人，可以直接采取终止服务、断开链接、删除危险内容等方式，在最短时间内避免损害的扩大。同时，在事后追责环节，平台可以向裁判机构和被侵权人提供证明侵权行为发生的信息，以帮助厘清事实，明确责任。

案例介绍

小怡是"小红书"平台上一名博主，平日里会发一些美妆、穿搭造型等照片及文章，并逐步积累了十几万粉丝，其照片及推文广受粉丝喜爱。一天，小怡发现某电商平台上的一家店铺擅自使用了她发布在"小红书"平台上的照片，并打着"网红同款"旗号，用于宣传、销售店铺内的商品，且该商品链接显示已有一定销量，小怡遂诉至许昌市魏都区法院。许昌市魏都区法院经审理认为，被告商铺未经原告小怡同意，利用链接使用、公开原告肖像，用于商业用途，对原告肖像权构成侵权，依法应当承担相应的民事侵权责任。法院最终判决被告在其店铺首页显著位置连续 15 天发布对原告的致歉声明，消除影响，并赔偿原告损失 4500 元。

某省摄影家协会会员熊伟称，在搜狐网上发现自己的摄影作品未经其本人授权同意被登载，侵犯了其对相关作品的署名权、获得报酬权和信息网络传播权，请求法院判令搜狐公司立即停止侵权使用相关摄影作品，在搜狐网首页显著位置连续 30 日公开赔礼致歉，并赔偿经济损失 132000 元。熊伟以列表方式，逐一列出了摄影作品的名称及获奖情况、权属证明或发表链接、侵权链接、使用数量等情况。其中一些作品曾在定位自身为"中国年轻一代用得更多的旅游网站"的"马蜂窝"网站上发表。法院查明，涉案摄影作品累计 88 张次。原告均提交了作品的电子图片原图，图片属性显示了文件名、文件尺寸、拍摄所用相机型号、拍摄日期等详细信息，提供了签约供稿或摄影作品销售价格清单，并提供了大部分图片的作品登记证书。搜狐公司辩称，自己仅是信息网络存储空间，涉案作品由用户上传，公司不应担责，但并没有提供明确的网络用户注册信息。

熊伟提交的作品登记证书、涉案作品原图或者发表链接等能够相互印证，形成初步的证据链，在无相反证据的情况下，应认定其系涉案作品的著作权人。搜狐公司未经许可在其经营的网站中将涉案作品作为文章配图，且未给原告署名使公众可以在其个人选定的时间和地点获得涉案作品，侵害了原告对涉案作品享有的信息网络传播权和署名权。搜狐公司虽辩称其为网络用户提供信息存储空间服务，但如果其不能提供明确的网络用户注册信息，视为其"应当知晓"侵权行为的存在，应依法承担相应民事责任。作者对其创作的作品享有表演权，即公开表演作品，以及用各种手段公开播送作品的表演的权利。未经著作权人许可，表演其作品的，属于侵犯作品著作权的行为。

总结

从以上判例中我们可以看出，无论是电商网站还是独立自媒体都要严格遵守图片版权法规，以免给自身带来不必要的麻烦和损失。若需要使用他人的图片作品，应尊重原作者的版权，并取得授权后再进行使用。同时，对于可能涉嫌侵权的图片，也应从技术层面进行过滤和防护，保障平台运营的合法性和安全性。

【实训案例】

1. 实训背景

方晓宇同学所在的团队运营得非常理想,利润率逐渐上升。但是她的同学梁墨之的店铺一直以来销量却不高。因此梁墨之找到方晓宇,希望她能够帮自己分析一下店铺,找出产品中所存在的问题。

方晓宇在查看梁墨之的店铺过程中,发现她上架后产品的评分不高。虽然详情图做得不错,营销方式及营销策略也非常有针对性,但由于主图设置得不合理,导致产品的曝光量不足,如图 5-42 所示。因此推荐梁墨之对现有的主图进行修改,交由美工部的同事进行有针对性的修改。

图 5-42 当前主推款主图

2. 实训目标

(1)掌握淘宝平台主图上传规范。
(2)掌握淘宝平台图片的营销优化技巧。

3. 实训步骤

本实训以个人为单位进行,根据淘宝平台主图上传规范对产品的主图进行分析,找出其中的不足,给出优化白底图及场景主图的具体建议。结合图片处理软件的使用,完成三款主图的重新设计。

（1）以个人为单位，从淘宝平台主图的规范出发，指出当前主图在营销、设计角度所存在的问题，并给出具体解决方案。

（2）从素材网站中获取合适的素材文件，应用图片处理软件对图片进行重新设计，确保其符合平台要求的同时，突出其营销属性并兼顾美观。

（3）对重新设计好的图片再次进行分析，设计制作其对应的直通车主图，进一步提升产品在平台中的曝光量。

（4）梁墨之将修改好的图片应用到自己的网店中，根据效果再进行其他产品主图的优化设计。

06

项目六
移动电商平台设计需求

【学习目标】

1. 了解移动端视觉设计特点。
2. 了解移动端客户特点。
3. 掌握竖屏视觉设计思维。
4. 认识移动端电商特点。
5. 熟悉手机淘宝的设计要求。
6. 熟悉京东移动端设计要求。
7. 熟悉拼多多的设计要求。
8. 了解 Wish 的设计要求。

【引导案例】

移动端电商设计的变化

移动互联网与移动设备的兴起，让人们的生活发生了巨大变化。移动设备给人们带来了更加便利的无障碍上网体验、随时随地娱乐的快感体验。这些便利与快感也影响了电子商务，越来越多的消费者不仅从实体店转向互联网，更从互联网走向了移动互联网，如图 6-1 所示。

图 6-1　移动电商的兴起

某项调查显示：95%的受访者在入睡前平均要使用手机1小时，并因此推迟入睡时间，也就出现了所谓的"第25小时"。或许有人在为这样的改变而焦虑，然而电商更应该从中看到商机：商家们不仅拥有消费者的24小时，消费者还自发地创造出了"第25小时"。因此，移动端是电商必须要占领的重要阵地，需要进行精心打理。

以淘宝网为例，与PC端的淘宝网首页琳琅满目的界面相比，移动端的淘宝网首页进行了许多简化处理，没有了繁复的装饰图案与插画，减少了分类按钮与广告图片等，如图6-2所示。这是在综合考虑智能手机的特点和消费者的使用体验后做出的设计，主要是从操控和视觉两方面入手的，可以看到移动端减少了广告图片展示位置，分类按钮做了简化，点击范围也变大了。

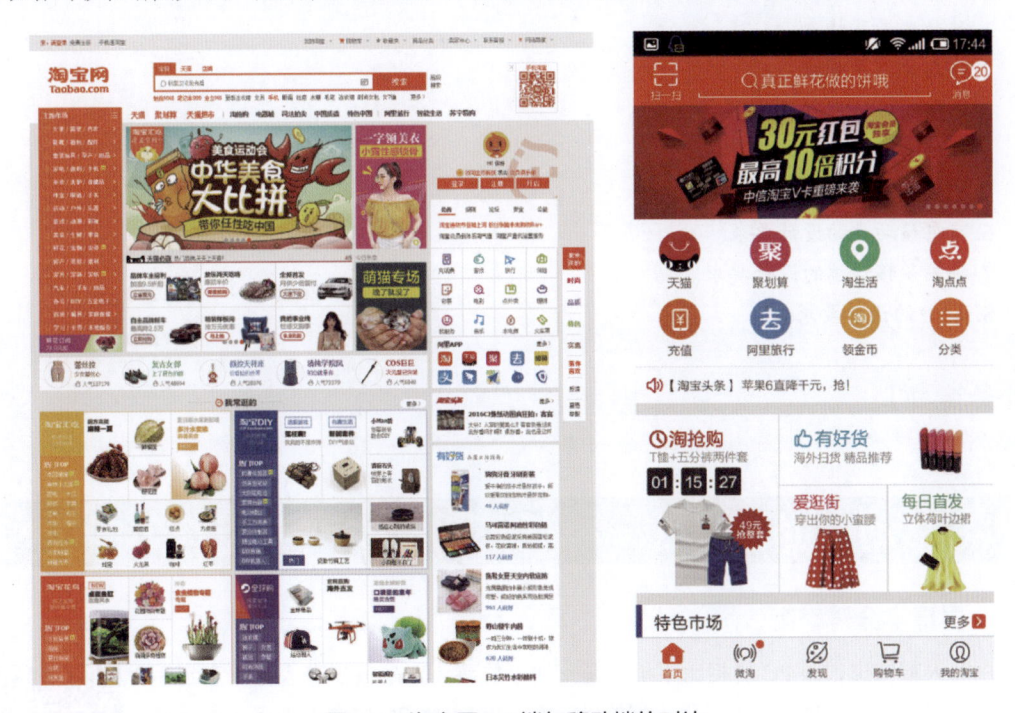

图6-2　淘宝网PC端与移动端的对比

友好的交互性是智能手机的重要特色之一。在使用计算机时，人们需要通过鼠标或键盘来操控软件；在触屏智能手机出现之前，人们同样必须通过手机键盘才能控制手机。触屏智能手机的出现让人们通过指尖便能与手机进行亲密接触和互动，操控变得更加直观和轻松自如，这一改变必然会影响依附于智能手机的移动端店铺的视觉设计。

与计算机相比，智能手机还有一个重要的特点是小巧，可以放入口袋随身携带，然而这也使得手机屏幕的尺寸比计算机的显示器小得多，同一屏中显示的信息自然也不能过多。因此，移动端的视觉设计必须做"减法"，才有利于消费者对信息的接收。

智能手机的便携性使人们在睡前、吃饭、乘车等碎片化时间中都可以通过手机进行娱乐消遣，这些时间大多是工作和学习之余的闲暇时间，此时人们希望能获得轻松愉悦的体验，对于拿起手机购物的消费者而言也如此。

这些行为模式和心理需求表明，商家在打造移动端店铺时要尽可能减少消费者的操作和阅读负担，给他们营造一个简洁、流畅、舒适的购物环境。因此，对移动端店铺来说，减少阻碍、减轻负担的简洁设计是大势所趋。

【任务分析】

1. 移动端屏幕特点。
2. 移动端用户分析。
3. 移动端设计原则。
4. 移动端平台的设计要求。
5. 手机淘宝的设计要求。
6. 京东移动端的设计要求。
7. 拼多多移动端的设计要求。
8. Wish 的设计要求。

【任务学习】

6.1 移动端屏幕特点

1. 屏幕小分辨率高

所有人都知道，跟 PC 屏相比手机屏是一块小屏幕，但是很少有人会留意到手机屏是一块高清屏。也就是说，手机屏的分辨率（PPI）比 PC 屏要大得多。所谓的分辨率（PPI），指的是 1 英寸屏幕之中含多少个像素点（1 英寸≈2.54 厘米）。当然每英寸里面像素点越多，像素密度越大，图像会更清晰。

以苹果公司的几款经典产品为例，说明 PC 和智能手机之间的像素密度差别，如表 6-1 所示。

表 6-1　苹果公司的经典产品的屏幕尺寸和分辨率

产品	屏幕尺寸 / 英寸	分辨率 /PPI
iMac 一体计算机	21.5	103
iPhone11/XR 手机	6.1	326
iPhone11 Pro/XS 手机	5.8	458

21.5 英寸 iMac 一体计算机屏幕的分辨率（PPI），只有 iPhone11/XR 手机屏幕的约 $\frac{1}{3}$。1080 个像素点，在 iMac 一体计算机屏幕中占用了 10.5 英寸（约 27 厘米），而 iPhone11/XR 手机屏只占用 2.7 英寸（不到 7 厘米）。所以，在手机屏上看东西会觉得更加清晰。

但同时，图片在计算机上觉得刚刚好时，在手机上看就一定显得太小了。比如说 40 像素×40 像素的方块，在 iMac 一体计算机屏幕上显示出来的绝对尺寸是 10mm×10mm，可能觉得不小了。在未经过任何缩放的情况下，iPhone11/XR 手机屏幕上显示出来的绝对尺寸是 3.2mm×3.2mm，在 iPhone11 Pro/XS 手机上则是 2.6mm×2.6mm，边长变为计算机显示尺寸的 $\frac{1}{4}\sim\frac{1}{3}$，面积整整缩小了一个数量级。

假如我们在 PC 屏幕上选择了 40 像素高的文字做标题，觉得比较雅致漂亮，但这样的大小文字进入手机屏，看起来就会比较吃力。图片上传到手机屏后会变小，大家对此是早有预期的；但是一下子缩小为原来的 $\frac{1}{10}$ 甚至更低，这个比例就超出普通人的预期范围了。华为移动端页面如图 6-3 所示。

2. 屏宽比人类双目距离小

人类两眼之间的距离，约为 8 厘米。PC 屏幕宽度往往在 30 厘米以上。比如 iMac 一体计算机（21.5 英寸）的屏幕宽度约 48 厘米，即使是 14 英寸笔记本屏幕宽度也有 32 厘米。而许多设计师的计算机屏幕宽度是 27 英寸甚至更大，屏幕宽度在 60 厘米以上。

由于 PC 屏幕的宽度比人类双目距离大，在 PC 屏面前人眼的视线有以下 3 个特点：

- 看 PC 屏幕时双目视线外放。
- 模糊聚焦就可捕捉到主体（图像或文字），不需精准定位。
- 模糊聚焦的好处，是视线在进行大范围的移动时很轻松随意。

图 6-3 华为移动端页面

人类眼帘，天生是一个视线外放型的大屏幕。而在 PC 发明之前，我们读书、看报、看电影、看户外广告、浏览宣传栏，或者看大多数的平面媒体时，视线也是外放的。突破了技术瓶颈之后的 PC 屏，也延续了这个特点。

手机屏幕则不一样。现在主流的智能手机屏，宽度都小于 8 厘米。比如 iPhone11 Pro/XS（5.8 英寸）屏幕宽度约 7.57 厘米、iPhone11/XR（6.1 英寸）屏幕宽度约 7.14 厘米。屏幕宽度小于人类双目距离，于是在手机屏面前，人眼视线的 3 个特点是：

- 看手机屏幕时人的双目视线是内收的。

- 在手机屏幕上追随主体（某图像或文字），必须保持精准聚焦。
- 精准聚焦的弊端，是视线在屏幕上的移动幅度较小，且很容易疲劳。

一个形象的比喻是，在手机屏面前我们都成了斗鸡眼，必须"盯"着屏幕看内容，移动视线时也"盯着移动"，定焦阅读。

3. 一屏就是最小信息单元

在 PC 大屏幕前，人的视线很方便在屏幕上进行大范围的移动，由 A 区到 B 区。事实上，大屏幕的信息是由一个个"区"组建成的。比如，我们熟悉的淘宝购物页面，是由顶部的店铺招牌区；左边的产品主图区；中间的标题区、颜色区、购买按键区；右边的关联销售区等区块组成的，如图 6-4 所示。我们在 PC 前浏览淘宝页面时，逐区域浏览内容。这种阅读方式，是自然而然的，并不需要谁来刻意引导。因此，PC 屏幕的信息单元是"区"，或者叫栏、块。

图 6-4　PC 端页面区块

当同样的页面进入手机屏，六个区合为一体，整个屏幕只传递过来一个信息：一个手机皮套的商品页面。页面中的每个区域分别在表达什么内容？绝大部分人都不情愿再去仔细分辨、深入了解每个区域的内容了，如图 6-5 所示。

PC 屏幕上自然的"逐区域去阅读内容"的习惯，在手机屏幕上并不存在。手机用户把整屏信息归纳为一个信息单元，快速接收并结束这一屏内容的吸收，然后手指一划，开始下一屏信息的获取。几乎下意识地，手机用户就完成了这个过程。

所以，手机屏上信息的基本单元是"屏"，而不再是"区"，也不是"栏""块"。一屏就是最小的信息单元，无须再分了。手机上一屏最好只有一个焦点、一个主题、一个要理解的内容点。此时这个主题

图 6-5　PC 端页面移动端展示

的内容最容易被用户接收,且接收得最全面、具体。

如果一屏之中有多个焦点、多个主题、多个要理解的内容点,大脑也会把所有信息简单合并为一个整体信息来处理。除非遇到极其感兴趣,或者不得不处理的内容,否则绝大多数人不会对其中的某一个区域再做深入阅读了。

4. 手机屏是竖屏

人类的双眼是横着排列的,因而人类天生拥有的是横方形眼帘,即视野的左右宽度,比上下高度要大得多。所以人类天生看到的是横方形的世界。人造的各种演出舞台、格斗场、足球场、篮球场等,似乎自古以来就是横的长方形,以便观众观看得最舒服。工业社会以来,人类发明的绝大部分屏幕(电影屏幕、电视机屏幕、PC 屏幕等),早期由于技术原因还类似于正方形,现在突破技术瓶颈之后全部是扁的横方形了。电影屏幕还在不断地加宽,越是商业大片的屏幕越宽。

拿起照相机(包括智能手机相机)拍照,人们下意识地会横屏取景;偶尔遇到特别高的事物,才会把镜头竖起来。层出不穷的新产品发布会后面的 LED 屏,是横方形的。连最新流行的虚拟现实 3D 眼镜,戴上眼镜后看到的视野也是横方形的。

这并非偶然。横方形的舞台或者屏幕形状,和人类的眼帘形状相类似,天生符合人眼的视觉习惯,看着更舒服,直到人类进入智能手机时代。

智能手机屏幕是竖方形的。这个屏幕的左右宽度小于上下高度,和人类眼帘横的长方形不再类似。起初市场推动着智能手机往越来越大屏幕的方向狂奔,更大的屏幕代表更好的视觉。当大尺寸屏幕的技术和成本不是发展瓶颈之后,对更大屏幕的追求终于让步于更舒服的"单手持机",目的是把另外一只手解放出来。

对于"单手持机"而言,拿着横屏幕的手机更容易疲劳。由于面对竖屏阅读会产生"眼帘形状不类似"的不舒适感,所以智能手机保留了"自动横屏"功能。即当手机横过来时,屏幕上的内容会自动按照横屏的形状来重新排列。但除了看电影和打游戏,已经很少有人把手机屏横过来了。大多数人选择默认关掉这个功能。

市场最后证明:虽然竖屏阅读会产生"眼帘形状不类似"的不舒适感,但全世界人民更加无法接受"单手拿着横屏幕手机"所带来的不爽。在更懒惰的手面前,眼睛妥协了。

数年间,智能手机完成了全民普及。大多数人每天睁开眼的第一件事,是看智能手机;每天晚上睡觉前的最后一分钟,也是在看智能手机。吃饭、搭车、走路、上厕所,甚至开车都在看智能手机。

拥有横方形眼帘的人眼,很快就习惯了竖屏。越来越多的信息在通过智能手机的竖屏传递过来,无时无处不在。可以说,人类快速地被竖屏驯化了。

从 PC 屏到手机屏,大多数人只留意屏幕大小的简单变化,把手机屏内容当作 PC 端内容的缩小版。99% 的设计师、移动端内容的生产者,每天还在面对着横方形 PC 屏,设计最终在竖方形手机屏幕展示的作品。

6.2 移动端用户分析

6.2.1 时间碎片化，办公移动化

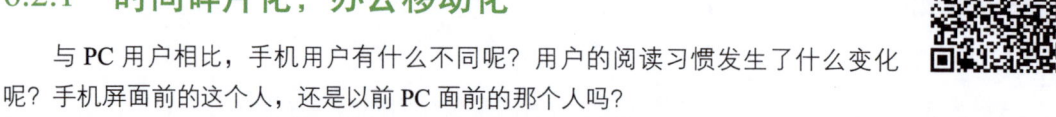

与 PC 用户相比，手机用户有什么不同呢？用户的阅读习惯发生了什么变化呢？手机屏面前的这个人，还是以前 PC 面前的那个人吗？

貌似手机用户根本不需要整块时间，几乎可以在做任何事情（吃饭、走路、上厕所、等车、乘地铁、排队、跑步、打球、逛街等）的间隙中，随时开始阅读。这个间隙时间也许只有一分钟，30 秒甚至 10 秒，或者是更短暂的心理焦躁时间。把手机屏幕点亮，瞄几眼，然后关掉屏幕。

换个角度看，移动端用户没有了成块的阅读时间。在阅读过程中，也随时有可能被其他事情打断。起初，智能手机只是人们打发无聊时间的工具。现在，在做正事的过程中，我们也会忍不住打开手机瞄几眼。原本做正事的成块时间也被切碎了。从某个意义上讲，不断打开手机来看看是否有新内容，已经成为现代人的普遍心理疾病。

我们看手机的时候，随时会被第二件事情、第三件事情……第 N 件事情插入，时间就被切了过去。等处理完那件事再回来时，我们往往已经忘记了刚刚看到的是什么内容，而是从某一个点开始新信息的汲取。

碎片化时间，碎片化阅读，一切都可以被忽略，任何地方也都可以开始。

从台式 PC、笔记本电脑到平板电脑，再到智能手机，它们的使用场景都在变迁。台式 PC 离不开电脑桌。于是，台式 PC 的阅读地点被固定在电脑桌前。阅读姿势也几乎只有坐姿一种。

笔记本电脑有了便携属性，其工作场景不再需要标准的电脑桌了。阅读场所扩展到咖啡厅或者飞机或者火车旅途的"简易桌子"。不管桌子已经变得何等的小巧优雅（哪怕是暂时用于桌子功能的膝盖），笔记本电脑的工作场景还是离不开"桌子"形态，而用户基本上也保持着"坐"姿。笔记本电脑解决了电源的移动便携，但是重量依然是其累赘。

平板电脑就变得轻便了，用户捧着它就可以阅读了。于是用户得以离开"桌子"使用平板电脑，阅读场所也扩展到户外草地、沙发、床乃至马桶上。用户的阅读姿势也不再限定于"坐着"了，有可能是"靠着""半躺着"。但是，平板电脑屏幕略大、重量略重，用户的两个手还是被束缚住了。

智能手机轻松实现了"单手持机"，把人类的一只手解放了出来。这大大拓宽了我们使用智能手机的自由度。智能手机终于成了人类身上的一个"器官"，而人类变成了"手机人"。

无法知道手机用户在看到你作品时，是在饭桌前、开会中、蹲马桶、跟老妈唠嗑、搭电梯、等地铁、走路还是骑车，甚至在开车。你都不知道用户是处于"静止状态"还是处于"运动状态"，更无法知道用户的阅读姿势，是在站着、坐着、躺着？

6.2.2 缺乏耐心，习惯跳读

手机互联网时代，几乎每个人都处于被海量信息轰炸的状态之中。如果有 500 个微信好友，平均每个好友每天发 5 条朋友圈信息，朋友圈信息几乎就看不完了。更不用说还有层出不穷的各种头条号、公众号、微博、群聊天、短视频、网剧、直播、小说。

即使能回到从前，坐在桌子前认真地看 8 小时，手机用户也未必能处理完每天推送过来的、跟自己相关的信息。更何况他们已经没有可能老老实实地坐在桌子前日理万机了。他们的时间是碎片化的、阅读地点是移动的、姿势是不确定的。绝大部分的信息，只能在间隙时间、非正式场所顺便就处理了。

信息快速过剩、泛滥，导致了手机用户好奇心和耐心锐减。手机用户只能在手机屏上走马观花。对每天蜂拥而至的被动信息，用户心底也感到满满的负累和无奈。从某个角度看，手机用户其实是怀着逃离心态在阅读。随时最想要进行的动作，就是手指一划，进入下一屏。

这真是一个没有耐心的时代。

当信息多到看不完的时候，怎么办呢？跳着看、挑着看。总之就是不再从头看到尾了，隔三差五地挑一些信息看一看；或者有好看的就看看，不好看的赶紧就划过。

传统教育把阅读方式分为三种：跳读、泛读、精读。以前信息稀缺，容易找到经典作品，用户认真阅读的时间较多，泛读、精读是书本上用户获取知识的常用阅读方式。

现在信息泛滥成灾，稀缺的是用户关注时间。手机屏上用户的基本动作，是不停地发现、挑选、过滤垃圾寻宝。只有跳读可以让用户做到快速浏览、快速筛选、快速遗忘，留出更多的大脑空间来浏览更多的信息。

相比于"阅读信息"，手机用户花了更多时间在"发现信息""寻找信息""过滤信息"上。只有极少数内容需要进入深阅读的阶段。精读成为日渐奢侈的事情，或许只存在 1% 的人群的 1% 的时间里。

这是人类大脑快速适应泛滥嘈杂的手机互联网环境、泛滥的信息，做出的自然选择。跳读、挑读、瞄读、瞟读，不正是我们每天阅读状态的真实写照吗？

当用户处于极其浅度的阅读状态中，和任意信息都只不过是转瞬之间的缘分。

6.2.3 只有下意识的行动，害怕深度思考

从行为学上看，移动端用户的阅读行为，只不过是眼睛和手指在不断追随下意识的声色感官刺激，仅仅进行下意识阅读，不会进行深度思考。遇到需要深入思考的内容，就会自动降低优先级，拖到最后或收藏起来，等以后有空再看。而所谓的"等以后有空再看"，事实上就是打入冷宫永远都不再看了。为什么会这样？

手机用户的大多数时间花在"发现信息""寻找信息""过滤信息"上，这些动作已经消耗了用

户大部分的脑力（犹如 PC 的 CPU 运算能力），以至于留给"理解信息"的运算能力严重不足，结果就是用户在手机屏面前丧失了深度思考的能力。

如果你的移动端详情页是需要深入思考才能理解的话，那么你很难推动用户做出购买决定。

在确定要和你发生比较深入的关系（比如购买）之前，手机用户不会多花脑力来理解你。无论你的图片拍摄多么专业、文案措辞多么考究、逻辑多么严谨，企图让手机用户动脑，就等于在赶走用户。

有时候我们觉得自己的商品很"牛"，就希望把几十个优点全部展现给用户。但是这么做的结果也是吃力不讨好。用户并没打算在你这里逗留，没有义务消化那么多那么有内涵的信息。介绍得越详尽，对用户而言只是负担越多。他下意识里想做的，就是手指一划赶紧逃跑。

这一点和传统广告理念有很大的不同。奥格威在《一个广告人的自白》中说："应该把每一则广告写得很完整，设想这是你把你的产品推销给读者的唯一机会""你介绍得越详细，销售得也就越多。"

这结论没错，前提是你能占用用户足够多的时间。以前用户会花半个小时看完一份报纸，在飞机上看一本杂志也得花上十几分钟。电梯广告貌似只有不到一分钟时间，却可以日复一日地展现给用户、反复教育。

而手机上就不同了，99.9% 的情况下，"能占用用户足够多的时间"这个前提不复存在。绝大多数信息和手机用户之间，就是数秒的一面之缘，下次见面则遥遥无期。永远有好多好玩、有趣的信息在前面等着用户去探索，手指正随时处于待命状态进入下一屏。内容做得再好，对他而言也不过是万花丛中一点红，压根就没打算进行深度阅读，更何况深度思考。

6.3　移动端设计原则

6.3.1　竖屏构图

要牢记手机屏的形状是竖的长方形，如图 6-6 所示。这是你的舞台、你的画布、你在移动互联网上所能用以展示自我的空间。正如你要上台表演之前，教练会提醒你"今天的舞台是竖的长方形的"。牢记舞台位置，才能让你跳出优美的舞姿。又如你要开始作画之前，师父会提醒你"今天的画布是竖的长方形的"。牢记画布形状，才能让你的笔锋发挥得淋漓尽致。

毕竟，你周围的大多数屏幕是横的长方形的，包括你办公桌上的 PC 屏。这些横屏会随时给你带来干扰。所以必须要时时提醒自己：竖屏！竖屏！竖屏！

图 6-6　移动端竖屏构图

6.3.2 大图大字

要牢记手机屏是一块小屏幕。在 PC 屏上觉得大小合适的图片或文字，到手机屏上就会显小了，有可能完全看不见或者勉强看得见但看得特别费劲。任何需要用户做二次操作放大之后才能看得见的内容，都等同于无效内容。

首先要保证手机屏上的主体要足够大，即标题足够大、商品足够大、细节足够大、模特足够大、文案足够大。大到手机用户完全不费劲，一眼就能看得见，就能看得清，如图 6-7 所示。

你需要在大图大字的基础上进行创意，否则，用户连你要表达的关键信息都看不见，还谈什么高大上呢！

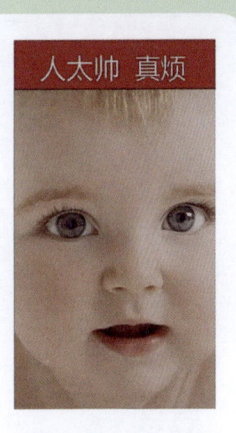

图 6-7　大图大字

6.3.3 少放内容

要牢记，对手机用户来讲要少表达一点内容。因为手机用户犹如单任务"CPU"，同一时间只处理一件事情；内存很低，能够记住信息串的长度很少且留存时间很短；但是快速筛选能力、快速忽略能力、快速遗忘能力很强。

你跟他讲 10 个要点，他肯定 1 个都记不住；还不如挑 5 个要点跟他讲，他可能会记住 3 个。内容输出者往往有强迫症，总想把自己想到的都说完，力求面面俱到。表面上看是怕用户没看明白，其实是自己没讲爽。用户耐心根本支撑不了那么久。耐心之外的表达，都是废话。

只有少讲，才会让用户记住更多；多讲的，都是干扰。少才是多，如图 6-8 所示。

图 6-8　少才是多

6.3.4 浅显易懂

要牢记，对手机用户要做浅度的表达。你的潜在客户 80% 以上的时间在做浅度阅读。你传递的信息难度，尽可能地做到浅显易懂好理解，千万别让用户动脑思考深度学习。手机用户时刻处于筛选信息的逃离状态，遇到稍有理解难度的信息，马上过滤掉。

那些需要深度动脑的内容，都会被排到最后一个优先级。事实上，绝大部分会被打入冷宫永不召见了。而那些最简单易懂的、显而易见的内容，才会被优先阅读。

所以，不管你的商品采用了多么高深的黑科技，都应该用最直白的方式，把跟用户有关的好处、结果直接告诉他就好。越明白，越清晰，越简单越好。

不到一分钟的一面之缘，就是你和用户之间的全部故事了。在他尚未决定要对你进行深入了解之前，逻辑、过程和历史，太需要动脑的内容，实在不适合初次见面的时候交流。

让手机用户动脑，就等于在赶他跑，如图 6-9 所示。

图 6-9　浅显易懂

6.4　移动端平台的设计要求

1. 一屏一内容

买家不可能一天 24 小时都在逛电商平台，获取宝贝信息是以秒来计算的，我们都希望在有限的时间和展示面积内传递更多信息。这一做法没错，错就错在会把不同模块的信息强行堆叠在一屏中，导致画面拥挤，让人产生压迫感，这样是非常不利于信息传递的。

所以卖家要想实现一屏一内容，就要将每一屏的内容分别以简单清晰的卖点、商品信息、模特展示、细节展示为主，突出店铺主题和商品卖点，尽量在 10 屏以内展示完。注意详情页的每一屏一定要有明显的分割形式进行区分。

2. 版式清晰，卖点明确

移动端最常用的版式有两种：上下分割和左右分割。上下分割最适合竖屏展示，图片和文字都应该按照合适的间距，按顺序排布，要保证整体效果的突出；左右分割则将文字信息编排在版面的左侧或右侧，营造出舒适自然的视觉空间，在第二屏起即可排布，常在设计理念、潮流趋势等卖点模块中使用，方便卖点清晰展示。

3. 字体合适，图片清晰

字体对整个详情页的视觉效果还是有很大作用的。通常移动端字体大小最好控制在 20~36 号，并根据类目的特点去选择相应的字体。值得注意的是字体版权，如果你使用了没有购买版权的字体的话，被投诉的可能性还是非常大的，甚至还有可能会面临高额赔偿。所以在做设计的时候应尽可能使用免费无版权纠纷的字体，尽量避免出现不必要的麻烦。对于视频而言，还需要拥有或得到相关素材的授权，包括但不限于节目栏版权、明星肖像权、背景音乐版权。

6.5 手机淘宝的设计要求

1. 手淘店标、店招的设计要求

手机淘宝需要设计店标和店招，店标直接出现在店铺头上，在店标右侧显示店铺名称。移动端网店还可以使用商品的实物照片作为店标，一眼即可看出店铺销售的主营商品。

店铺标志尺寸为 80 像素 ×80 像素，文件大小为 80KB 以内。店招规格尺寸为 642 像素 ×200 像素，如图 6-10 所示。

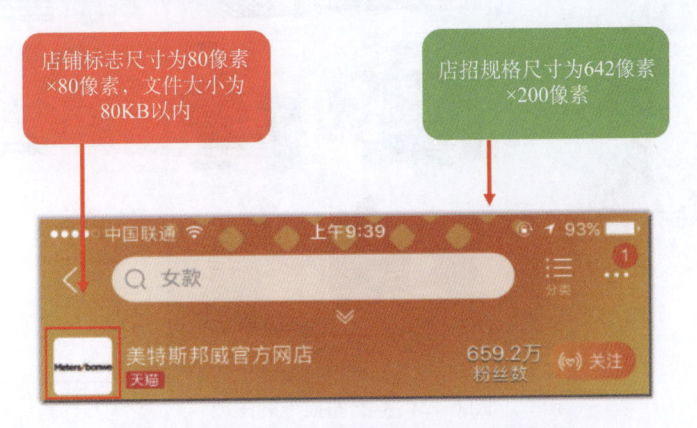

图 6-10 手淘店招设计要求和店标的位置示例

2. 图片尺寸标准

手淘插入图片建议宽度为 750px，高度为 200~950px，支持图片类型为 JPG、PNG。需在图片上添加文字时，中文字符字号 ≥ 30；英文和阿拉伯数字字号 ≥ 20，如图 6-11 所示。

值得注意的是，淘宝为手淘特别提供了鹿班系统。只要是符合要求的图片，都可以通过鹿班系统一键生成多图海报，非常方便，如图 6-12、图 6-13 所示。

图 6-11　手淘图片大小要求

图 6-12　多图海报一键生成

图 6-13　鹿班对图片的要求

3. 主图视频标准

淘宝对于主图视频有两套标准，分别是 1∶1 或 16∶9 和 3∶4，为了适应手淘的显示方式，强烈建议采用 3∶4 比例的视频。与之配合将详情页主图全部替换为 3∶4 图片。对消费者来说，竖版视频有了更好的浏览体验和视觉冲击。

视频制作要求为：

- 尺寸比例为3∶4，为保证清晰度，推荐1080px以上高清视频。
- 时长不宜过长，30秒以内的视频将优先被推荐到公域。
- 视频必须要做结构化分段。
- 视频上下左右不可留黑边（一旦发现留黑边则将收回3∶4的视频权限）。
- 不接受PPT形式的电子相册视频。

6.6　京东移动端的设计要求

京东支持图片格式有 JPG、JPEG、PNG、GIF，但与淘宝不同的是，京东限制单张图片大小在 400KB 以内。

京东移动端的设计和手淘大致相同，移动端图片宽度不小于 640px，默认为 750px，如图 6-14 所示。

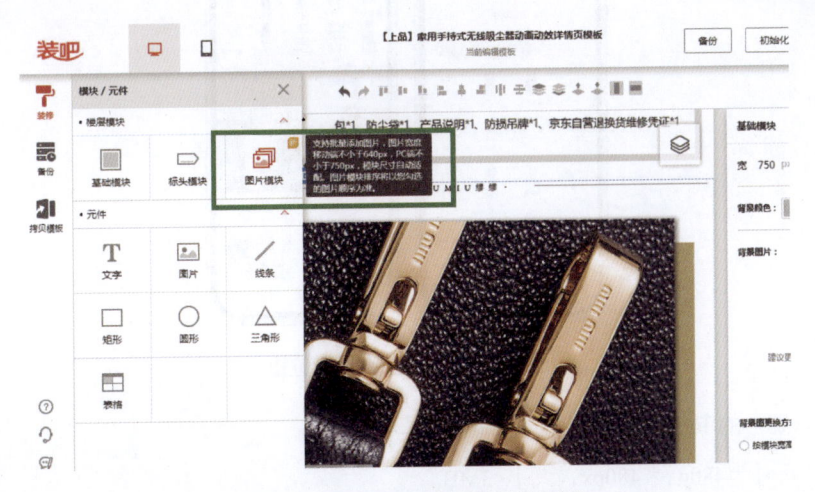

图 6-14　京东移动端对图片的要求

京东对于视频要求只支持16∶9或者1∶1，为了适应移动端的显示，强烈建议设计制作1∶1的视频。

京东官方对于视频的要求如下：

- 时长范围：90秒以内，不少于6秒。
- 视频格式：MP4。
- 长宽要求：推荐16∶9或者1∶1，500px≤长边尺寸≤1920px。
- 视频大小：50MB以内。

6.7 拼多多移动端的设计要求

拼多多是国内主流的手机购物 App，是一家专注于 C2B 拼团的第三方社交电商平台。拼多多主打的是手机购物，是移动端电商平台的典型代表。拼多多对移动端设计的要求主要体现在各种图片形式的规范和标准。

6.7.1 白底图

白底图是商品素材之一，主要展示在搜索、分类页的入口处，上传白底图就能免费在这两个渠道获得更多的曝光机会。

白底图的展示位置如图 6-15 所示。

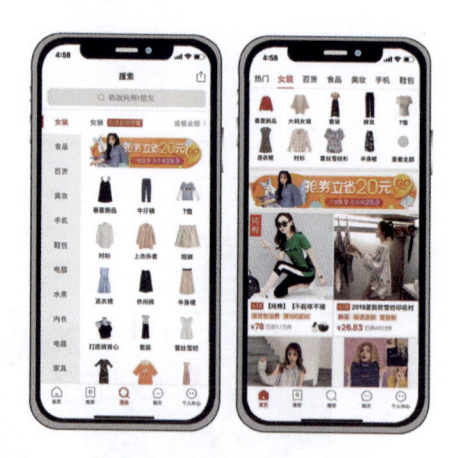

图 6-15　白底图的展示位置

白底图有统一的审核标准，如下：

- 图片尺寸为480px×480px，大小<3MB。
- 图片格式为JPG、JPEG、PNG。
- 无logo、无水印、无文字、无拼接、无阴影。
- 图片中无模特、无背景。
- 商品需要正面展现，不可侧面或背面展现。

- 平铺或者挂拍，不可出现衣架、商品吊牌等。
- 每张图片中只能出现一个主体，不可出现多个相同主体。
- 图片中商品主体完整，居中放置，撑满整个画面，勿留白边。

6.7.2 商品轮播图

拼多多的轮播图相当于手淘里的商品主图，轮播图被置于页面的顶部，没有其他任何事物能够从它那里转移走用户的视线，轮播图本身具有聚焦的特点。轮播图是一个能够很好展示我们商品信息的地方，拼多多比淘宝多了5个轮播图，我们有足够的位置来展示商品信息，因此完全可以把10个轮播图看作是商品的详情页，如图6-16所示。

轮播图的标准如下：

- 尺寸宽高均须大于480px。
- 大小1MB以内。
- 数量限制在10张以内。
- 图片格式仅支持JPG、PNG格式。
- 主轮播图背景为纯白色（服饰除外），图片上不添加任何文字。
- 批量上传时，图片须等宽高且大小不小于480px。

图6-16 拼多多的商品轮播图

6.7.3 商品详情图

拼多多的详情页是由一张张图片拼接而成的。图片标准如下：

- 尺寸要求宽度大于480px，高度可以随意控制。
- 总大小在1MB以内，单张不超过1MB。
- 数量限制在20张之间，包含20张。
- 图片格式仅支持JPG、PNG格式。
- 批量上传时，尺寸要求宽度处于480～1200px之间，高度处于0～1500px之间，详情页不建议做得太长，把想要说的说清楚即可。
- 可以拖动图片改变图片的排列顺序。

6.7.4 长图

拼多多某些类目下可以上传长图，上传长图后，在搜索页、店铺页等场景露出，可能获得更多的用户流量。长图能吸引用户点击，帮助提升商品的点击率、转化率；长图创意能够提升店铺推广的ROI（投入产出比），如图6-17所示。

图 6-17 拼多多的商品长图

长图的基本要求如下：

- 图片尺寸为400px×600px，大小＜3MB。
- 图片格式为JPG、JPEG、PNG。
- 无logo、无拼接、无阴影、无牛皮癣、无白边、无文字、无暗角、无水印。
- 图片背景需要是实拍图、模特图，或者有场景的图片，不能是白底图、抠图、假背景图，背景颜色不要过多。
- 图片中售卖主体必须清晰可识别，售卖主体必须展示完整。
- 图片无拉伸变形，无多余不相关物体。
- 图片禁止涉黄涉暴，禁止出现令人不适场景、违禁商品图、政治宗教敏感图、丧葬用品图。

6.7.5 商品活动主图

商品活动主图位于拼多多首页，是促销活动中非常重要的推广位置，如图6-18所示。

品活动主图尺寸要求非常严格，如下：

- 尺寸750px×352px。
- 大小在100KB以内。

- 图片格式仅支持JPG、PNG格式。
- 图片背景应以纯白为主,商品图案居中显示。
- 图片不可以添加任何品牌相关文字或logo。

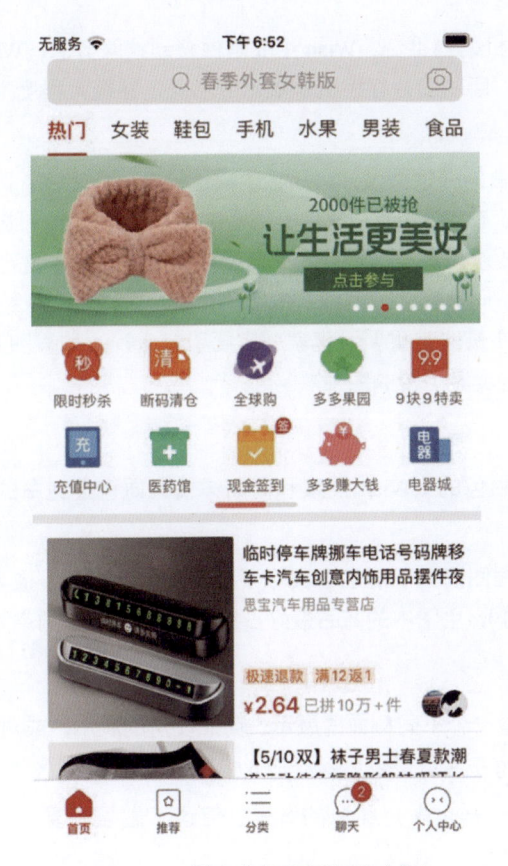

图 6-18 拼多多的商品活动主图

6.7.6 商品视频

目前只针对拥有直播权限且店铺关注数≥1的商家才可以发布视频。视频要求如下:

- 视频大小:≤200MB。
- 格式:MP4。
- 尺寸:720P。
- 建议比例:竖版,16∶9。
- 时长:时长10~60s。
- 视频封面默认首帧,可自选封面。

- 视频标题非必填，限制在40字符以内。

6.8 Wish 的设计要求

Wish 是非常典型的手机购物平台，Wish 主要是做移动端服务的，Wish 上 95% 以上的交易都产自移动端，所以图片在手机端展示的形象，在很大程度上决定了卖家流量。

Wish 没有国内类似平台的详情页设计，所谓的描述只能使用文字，因此每个商品给客户的展示就是主图。在 Wish 上，上传的每个商品都必须附上一张或者多张清晰直观便于理解的商品图片。商品图片要求能够准确地展示此商品，商品的信息丰富，对客户有足够吸引力。可能的话要尽量多放置几张不同角度、不同细节的图片。图片区域是卖家给客户展示自己商品最直接有效的区域，所以图片的质量非常重要，卖家一定要引起重视。如果图片质量和标准没达到 Wish 的要求，那么平台有权拒绝卖家上传的图片。

1. 商品主图规范

主图的背景必须是纯白色的（Wish 搜索和商品详情页面也是纯白的，纯白的 RGB 值为 255，255，255）。

主图不能是绘图或者插图而且不能包含实际不在订单内的配件，道具主图不能带 logo 和水印（产品本身的 logo 是允许的），主图中的商品最好占据图片大约 85% 的空间。

2. 商品辅图

商品辅图应该对商品做一个不同侧面的展示、商品使用的展示，或对在主图中没凸显的商品特性做补充，Wish 商品 listing 中卖家最多可以添加 8 张辅图。

商品辅图最好和主图一样也采用纯白的背景，但这不做强制要求，辅图不能带 logo 和水印（商品本身的 logo 是允许的）。

3. 图片尺寸

图片的长度或者宽度任意一边大于 1000 像素时，该图片就可以有"zoom function"图片放大功能（"zoom function"被 Wish 证实过对商品销量提高有一定的帮助）。图片的最短边如果小于 500 像素，上传时会被 Wish 系统直接拒绝。

4. 图片格式

JPEG，TIFF，GIF 这些格式的图片可以在 Wish 上上传。

Wish 最多可以上传 50 张图片。"50"这个数字，指的是卖家可以对一款商品进行图片操作的上限。比如一款商品，你第一次上传了 5 张图片，但是你对其中的一张不太满意，随之又上传了两张图片，这时你对图片的操作次数就是 7 次。因此在对商品进行图片操作的时候，一定要谨慎，不要随随便便地把图片传上去又拿下来，重复对图片进行操作，在后期会影响图片操作的次数。如图 6-19 所示，这位卖家使用了 15 张图来展现他的商品，那么在商品描述部分，只能使用纯文字进行描述。

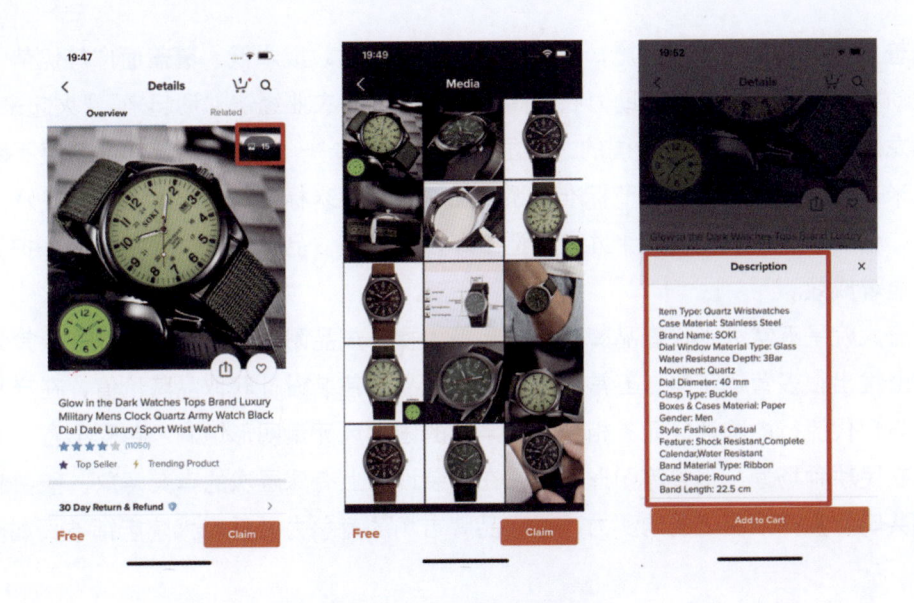

图 6-19　Wish 的产品页面

【思政园地】

家国情怀篇——走好品牌强农路　打造农产品电商强国

职业素养

　　数字技术赋能农业品牌建设，是激发农业品牌高质量发展的内生动力，而电子商务是数字经济最重要的源头。党的二十大报告强调，"全面推进乡村振兴"、"加快建设农业强国，扎实推动乡村产业、人才、文化、生态、组织振兴"，对农业发展质量，发展模式与路径提出新要求，为我国农业品牌建设指明方向：建设中国农业特色品牌，是加快农村振兴的重要引擎，是农业农村现代化的重要抓手，也是提升农民增收的重要途径。

　　随着居民可支配收入的增长和消费升级的推动，农村电商进入了品牌化时代。消费者越来越注重商品品质和服务，电商平台之间的竞争也变得更加激烈，为推动农村电商的高质量发展，建立和提升农产品品牌将至关重要。

案例介绍

随着乡村振兴战略深入实施，电商凭借便捷、高效、成本低、覆盖面广等优势，将进一步推动农村产业转型升级，助力农业高质量发展，让农业经济"活起来""火起来"。

黑龙江省五常市是闻名全国的"中国优质稻米之乡"。近年来，五常市政府不断完善五常大米产前、产中、产后环节标准体系，加快五常大米标准体系建设，制定了八大方面标准，二十七个制造流程，九十九道制造工序，在种植、品牌创建、五常大米保护等方面取得了显著成效。

乔府大院是五常大米代表品牌之一，品牌为提升产品附加价值，在品牌形象策划、店铺视觉上推出很多营销策略。五常大米通过创新品牌包装设计获取品牌价值，在产品包装设计上与现代流行的国潮风元素相结合，丰富的国潮风元素图形饱满、色彩丰富，同时选用了与农民耕种场景、稻谷等图形元素，在包装设计上有深层次的审美意象，能引起大众的情感共鸣，提升消费者的购买力，增强品牌市场的竞争力。乔府大院店铺首页如图 6-20 所示。

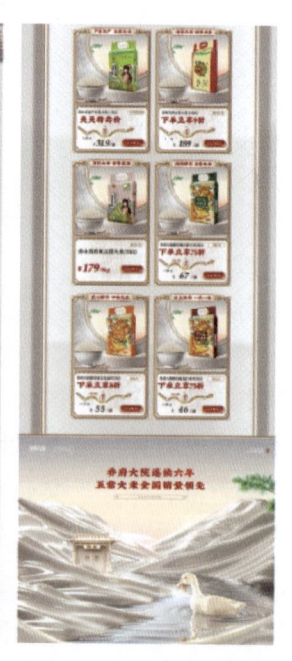

图 6-20　乔府大院店铺首页

在店铺页面设计上，利用大米材质模拟融入中国韵味的山水景色，质感光亮透泽，寓意大米优良品质，融入黑龙江代表植物松树，展示黑龙江青山绿水的自然形态；页面采用传统文化元素，如画卷、中国古建筑屋檐、窗户等元素；产品介绍融入稻子形态，呼应大米产品；色彩采用古典韵味的金色、米色，干净具有质感，古典且又雅韵，生动地刻画了乔府大院的品牌特征。

总结

随着乡村振兴战略的不断深入，农业扶持政策的不断完善，越来越多的农产品采用线上销售的方式进行售卖，因而有越来越多的农产品需要进行品牌建设。在设计该类产品时，需要体现农产品的特点，融入地域特色、文化元素、企业文化等，也可展示产地或农产品特点、新鲜度等来吸引更多用户，用实际行动促进农产品品牌建设，助力乡村振兴。

【实训案例】

1. 实训背景

在如今电子商务不断迭代发展的时代，视觉设计也在不断地变化。随着智能手机的不断普及，移动端视觉设计显得越来越重要。方晓宇同学在完成 PC 端海报设计之后，就要马上着手开始设计移动端海报。

2. 实训目标

（1）掌握移动端竖屏设计思维。
（2）能够应用视觉营销原则对传统横屏海报进行竖屏重构。

3. 实训步骤

本实训以个人为单位进行，运用竖屏设计思维，根据平台对移动端的设计要求，将横屏海报的各种素材进行重构，结合图片处理软件，完成竖屏海报的设计。

（1）以个人为单位，分析竖屏设计特点，制定设计方案。

（2）提取图片中所拥有的视觉元素，应用图片处理软件对图片进行适合移动端设计规范的重新设计，突出其营销属性的同时兼顾美观。

（3）对重新设计好的图片再次进行分析，对其中营销特点不够突出、对店铺促销不利的信息进行优化更新，进一步提升图像的视觉营销效果。

（4）方晓宇收到修改好的图片，将其应用到自己的网店中，根据效果再进行设计的改进。

07

项目七
视觉设计工具

【学习目标】

1. 了解目前市面上主流的视觉工具。
2. 掌握 Photoshop 和美图秀秀软件的基本使用方法。

【任务分析】

1. Adobe 系列软件。
2. Affinity 系列软件。
3. C4D 软件。
4. 印象 Inter Photo。
5. 稿定设计。
6. 美图秀秀。

【任务学习】

7.1 Adobe 系列软件

7.1.1 Adobe 软件概述

Adobe 公司创建于 1982 年,是世界领先的数字媒体和在线营销解决方案供应商。Adobe 公司有众多优秀的软件,其中最著名的软件有以下几个。

- Adobe Photoshop:图像处理软件的元老,最受欢迎的强大图像处理软件之一。
- Adobe Audition:专业音频编辑软件,可提供先进的音频混合、编辑、控制和效果处理功能。
- Adobe Premiere:一种基于非线性编辑设备的视音频编辑软件,可以在各种平台下和硬件配合使用,被广泛地应用于电视台、广告制作、电影剪辑等领域,是PC和MAC平台上应用最为广泛的视频编辑软件。
- Adobe Acrobat:用于阅读和编辑PDF格式文档。
- Adobe Reader:用于阅读PDF文档格式。
- Adobe Flash Player:用于播放FLV流媒体格式。

- Adobe Illustrator：出版、多媒体和在线图像的工业标准插画软件。
- Adobe Dreamweaver：网页设计软件。

7.1.2　Adobe Photoshop 软件概述

Adobe Photoshop，简称"PS"，是由 Adobe Systems 开发和发行的图像处理软件，主要处理以像素所构成的数字图像。使用其众多的编辑与绘图工具，可以有效地进行图片编辑工作。PS 有很多功能，在图像、图形、文字、视频、出版等方面都有涉及，普遍应用于图像处理、平面设计、广告摄影、影像创意、网页制作、后期修饰、视觉创意、界面设计等领域，是非常流行的视觉应用软件。

2003 年，Adobe Photoshop 8 被更名为 Adobe Photoshop CS。2013 年 7 月，Adobe 公司推出了新版本的 Photoshop CC，自此，Photoshop CS6 作为 Adobe CS 系列的最后一个版本被新的 CC 系列取代。截至 2020 年 3 月 Adobe Photoshop CC 2020 为市场最新版本。

Adobe Photoshop 支持 Windows、Android 与 Mac OS 操作系统。

7.1.3　Adobe Photoshop 软件使用方法简介

1. 操作界面

本书以 Photoshop CC 2019 为例进行介绍。打开软件，其界面如图 7-1 所示。

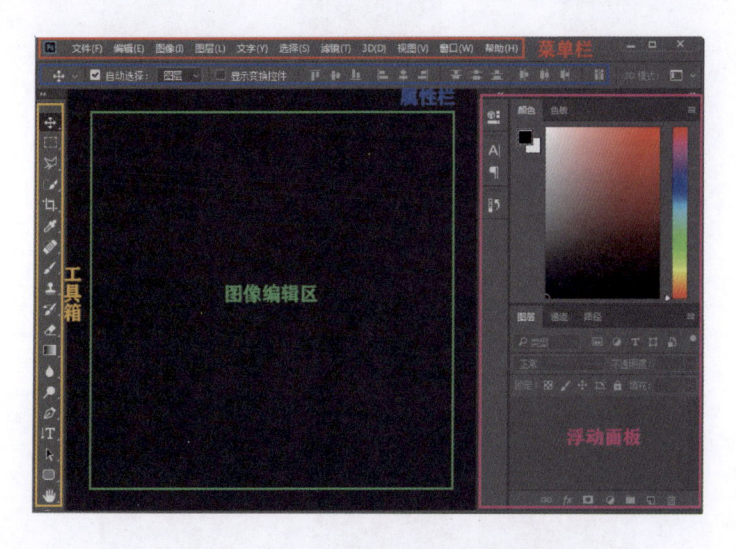

图 7-1　Photoshop CC 2019 操作界面

（1）菜单栏：包含了软件所有的菜单命令，每项命令下都含下拉菜单。
（2）工具箱：工具箱包含了软件常用的工具，每一个工具又包含几个同类别的工具。

（3）属性栏：这是工具箱的属性设置区域，是配合工具箱一起使用的。

（4）图像编辑区：要进行编辑设计的图像在这个区域显示。

（5）浮动面板：包括图层、路径、通道、颜色等工具的面板，这些面板以组的形式组合。

2. 图像裁剪

通常拍摄的商品图，会有多余的部分，可使用裁剪工具对图像进行裁剪修改。点击工具箱中的裁剪工具（如图 7-2 所示），将光标从商品的左上角拖动到右下角，画出一个矩形框，放开鼠标后，出现如图 7-3 所示的调整框，当光标移动到调整控制点时（如图 7-4 中红色圆圈标注），会变成双箭头标志，可以调整裁剪框的大小。调整好大小后，放开鼠标，按回车键，图像裁剪完成，如图 7-5 所示。

图 7-2　裁剪工具

图 7-3　调整框

图 7-4　调整控制点

图 7-5　完成裁剪

3. 图像修饰

当商品图或模特图有瑕疵时,可以通过污点修复画笔工具来去污。打开工具箱中的污点修复画笔工具,如图 7-6 所示。

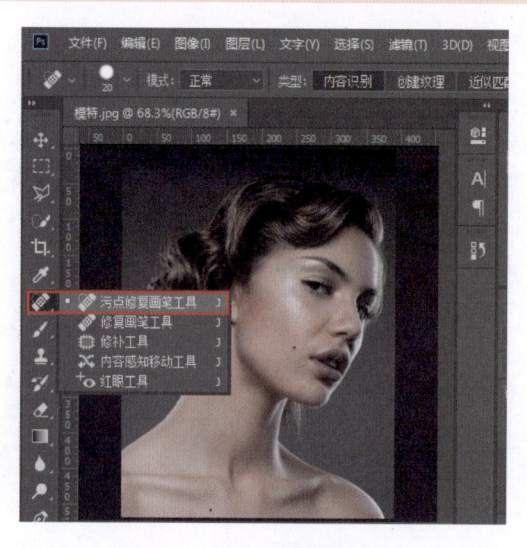

图 7-6 污点修复画笔工具

将光标移动到需要修复的污点上，如图 7-7 红色标注所示，点击鼠标左键，然后放开鼠标，即可修复污点，修复后的效果如图 7-8 所示。

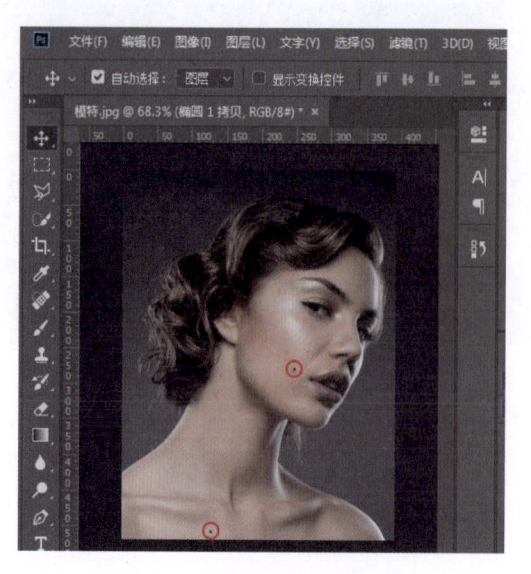

图 7-7 选择需要修复的污点

项目七　视觉设计工具

图 7-8　修复后的效果

4. 图像调色

拍摄的商品图像经常会因为光线不合适而产生各种色调问题，如曝光不足或曝光过度、偏色、太暗或太亮等，对此，可以使用 Photoshop 调色工具进行调整。如图 7-9 所示的商品图，存在过亮、颜色不饱满、细节不清晰等问题。我们可以按如下步骤对其进行调整。

图 7-9　商品图

（1）调整色阶：在菜单栏中选择"图像"→"调整"→"色阶"命令（快捷键为 Ctrl +L），如图 7-10 所示，打开"色阶"对话框。在"色阶"对话框中，点击圆圈中的黑色三角并向右移动到合适位置，使得图像的黑白灰场均衡，如图 7-11 所示。

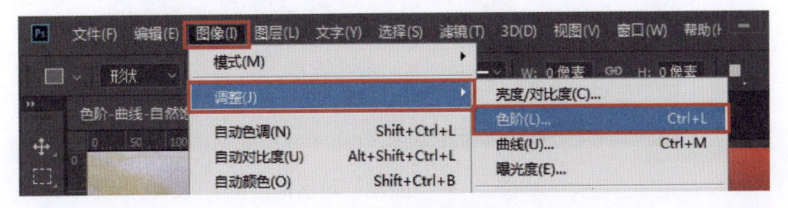

图 7-10　"色阶"命令

189

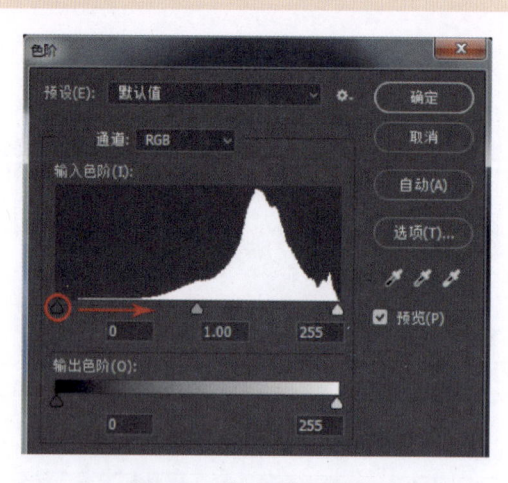

图7-11 "色阶"对话框

（2）调整曲线：原图像偏暗，调整曲线可以让图像更亮。在菜单栏中选择"图像"→"调整"→"曲线"命令（快捷键为 Ctrl +M），如图7-12所示，打开"曲线"对话框，如图7-13所示。

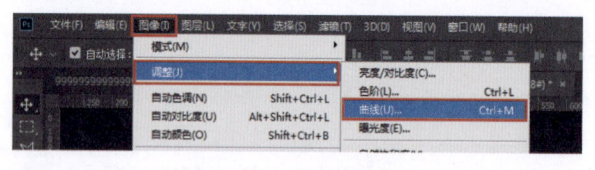

图7-12 "曲线"命令

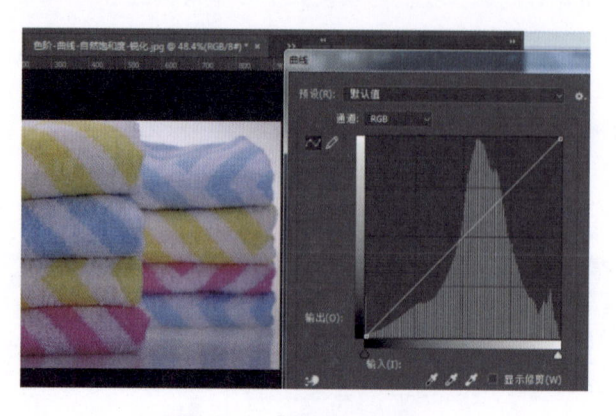

图7-13 "曲线"对话框

用鼠标左键点击并拖动面板中的斜线，即可调整图像的亮度，向左上方拖动时，图像会变亮，如图7-14所示。

项目七 视觉设计工具

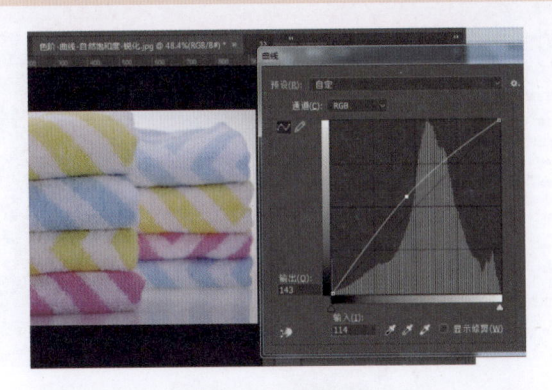

图 7-14 调整亮度

（3）调整饱和度：饱和度调整可以使图像的颜色更饱满、更鲜亮。在菜单栏中选择"图像"→"调整"→"自然饱和度"命令，打开"自然饱和度"对话框，如图 7-15 所示。

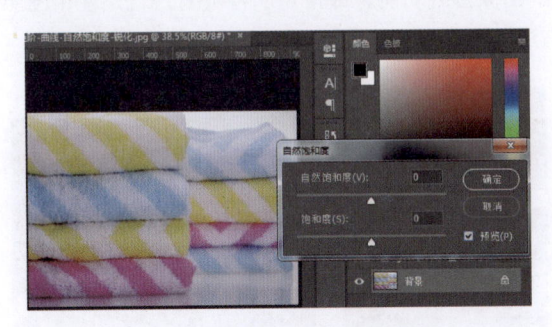

图 7-15 "自然饱和度"对话框

设置自然饱和度和饱和度的数值，可以使图像的颜色更饱满、更鲜亮，如图 7-16 所示。

图 7-16 调整饱和度

（4）设置锐化：锐化可以使图像的细节更清晰。在菜单栏中选择"滤镜"→"锐化"→"USM 锐化"命令，如图 7-17 所示，打开"USM 锐化"对话框，如图 7-18 所示。调节锐化的数量和半径，图像将变得清晰锐利。

191

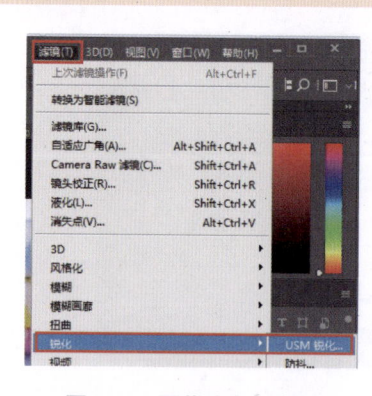

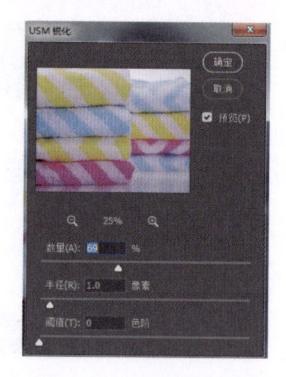

图 7-17　图像调色 - 锐化　　图 7-18　"USM 锐化"对话框

5. 图像合成

Photoshop 具有强大的图像合成功能，最常用的合成方法就是使用图层蒙版。如图 7-19 中左边的两张图像，可以合成右边的效果。

图 7-19　图像合成原图及效果图

操作步骤如下：

（1）打开两张素材图，并把人物图像移动到风景图中，放置在适当的位置，如图 7-20 所示。

图 7-20　打开素材图

项目七　视觉设计工具

（2）在图层面板上，选择人物的图层，即"图层1"，点击下方的"添加图层蒙版"按钮，如图 7-21 所示。

添加图层蒙版后的图层面板如图 7-22 所示。

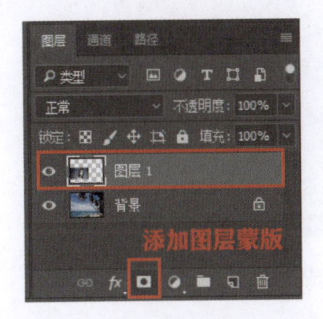

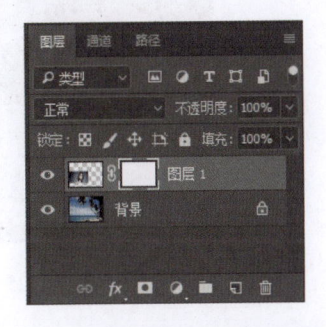

图 7-21　"添加图层蒙版"按钮　　　图 7-22　添加图层蒙版后的图层面板

（3）设置前景色和背景色分别为白色和黑色，如图 7-23 所示，然后选择工具箱中的渐变工具，在渐变的属性栏中选择第一种"前景色到背景色渐变"，并选择"径向渐变"。

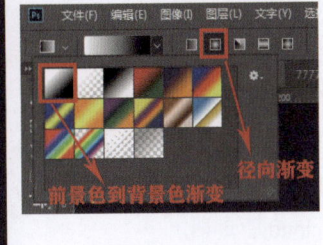

图 7-23　设置前景色和背景色

（4）在图层蒙版上做渐变处理，从人物的鼻子向头顶上画渐变线，如图 7-24 所示。

图 7-24　画渐变线

193

最后完成图像合成的效果，如图 7-25 所示。

图 7-25　图像合成效果

7.2　Affinity 系列软件

1. Affinity Photo 软件

　　Affinity Photo 由英国 Serif 公司研发，是唯一一款跨 Mac、Windows 和 iOS 集成的完整照片编辑器，是专业的修图软件，完全支持 PSD 格式、专业级的影像处理技术，能高效处理大量图像，是全球成千上万专业人士的首选。

　　Affinity Photo 拥有众多专业高端功能，如 Raw 处理、PSD 导入和导出、16 位通道的编辑和 ICC 色彩管理及兼容大量图片格式。Affinity Photo 充分利用了 Mac OS X 的技术，并且还支持视网膜和多显示器设置窗口及 icloud 驱动器。

2. Affinity Designer 软件

　　Affinity Designer 是一款专业的设计绘图工具，适用于 MAC、iOS、Windows 操作系统，主要用于矢量图形的绘制，适用于图标、UI 设计、网站设计、宣传素材等图像的制作，具有较强的易用性，操作也十分方便。

3. Affinity Publisher 软件

　　Affinity Publisher 是高级专业出版软件，可将愿景变成现实。借助这款流畅、直观的应用程序，可以结合图像、图形和文本，打造出版所需的精致布局。从杂志、书籍、手册、海报、报告、信笺，到其他各种作品，Affinity Publisher 拥有设计完美布局所需的一切功能。这款软件还包含与其他 Affinity 应用程序完全集成的颠覆性能力，彻底改变出版专业人士的工作方式。

7.3　C4D 软件

　　C4D 全名 CINEMA 4D，是德国 MAXON 公司出品的 3D 绘图软件，是一款能够进行顶级建模、动画和渲染的 3D 工具包，以极快的运算速度和强大的渲染插件著称，支持与后期制作软件 After Effects 无缝衔接，并且在用其描绘的各类电影中表现突出。C4D R16 在渲染、特效、动画等方面功能非常齐全。C4D 软件延续了欧洲人的艺术思维，界面通俗易懂，简单易用，一目了然，每一个小命令都配上图标，即使不懂英文只记图标也会很容易找到命令，艺术讲究的是"看图说话"，所以，这种图形化的思维方式是最利于艺术创作的。

7.4　印象 Inter Photo

　　印象 Inter Photo App 是一款集摄影、录像、后期于一身的强大 App，它源于老牌摄影杂志《印象》，积累了众多摄影师的干货和精华。该软件提供了针对不同情况的多种构图方式，并提供了具有摄影大师们的鲜明风格的不同滤镜，在拍摄过程中可一键调出多种路径，还具有电影级别的视频拍摄效果。后期的照片处理、视频编辑制作功能也十分强大。

7.5　稿定设计

　　稿定设计是一款多场景商业视觉在线设计平台，包括稿定设计桌面客户端、稿定设计网站及稿定设计（天天向上）App 几个组成部分。下面介绍稿定设计桌面客户端应用实例和稿定设计（天天向上）App 应用实例。

7.5.1　稿定设计桌面客户端应用实例

　　稿定设计桌面客户端及网站根据不同场景不同尺寸，创建海量优质模板素材，满足中小型企业、自媒体、学生、电商运营、个体经营者的图片及视频模板设计需求。

　　我们以直通车图片的制作为例来介绍稿定设计的应用。

　　很多初次接触淘宝店铺设计的朋友对直通车图片并不熟悉，直通图是一种让产品更加吸睛，并将产品活动、利益点更快传达给目标人群的重要工具。应用稿定设计平台可以简易地完成直通车图片的设计制作。

1. 打开稿定设计

　　在稿定设计平台中有非常多现成的模板供使用。稿定设计界面如图 7-26 所示。

图 7-26　稿定设计界面

2. 选择直通车模板

点击"模板中心",再选择"主图/直通车(1∶1)",如图 7-27 所示,稿定设计提供三种比例大小的模板,可任意筛选进入设计页面。

图 7-27　选择直通车模板

3. 编辑模板

导入的模板,如图 7-28 所示。

图 7-28　导入的模板

进入设计页面,由左至右分别为工具栏、画布、画布控制面板。选择画布任意文字、图片、背景等图层,即可开始编辑,如图 7-29 所示。

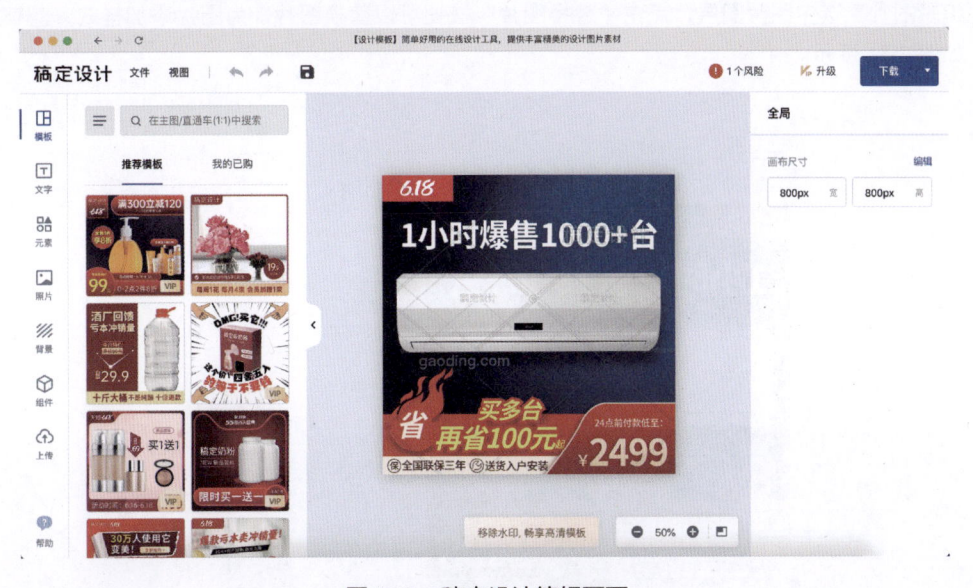

图 7-29　稿定设计编辑页面

编辑文字：选中文字图层，双击修改文字内容，为文字添加样式，修改字体、大小、颜色等，如图 7-30 所示。

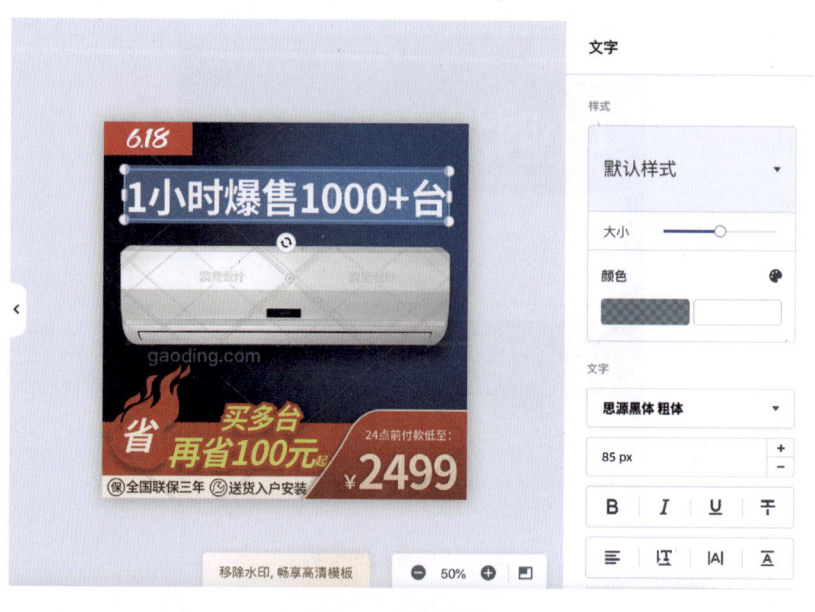

图 7-30　编辑文字

编辑图片：选中图片图层，点击"替换图片"按钮可以替换图片，为图片添加样式、滤镜等效果，如图 7-31 所示。

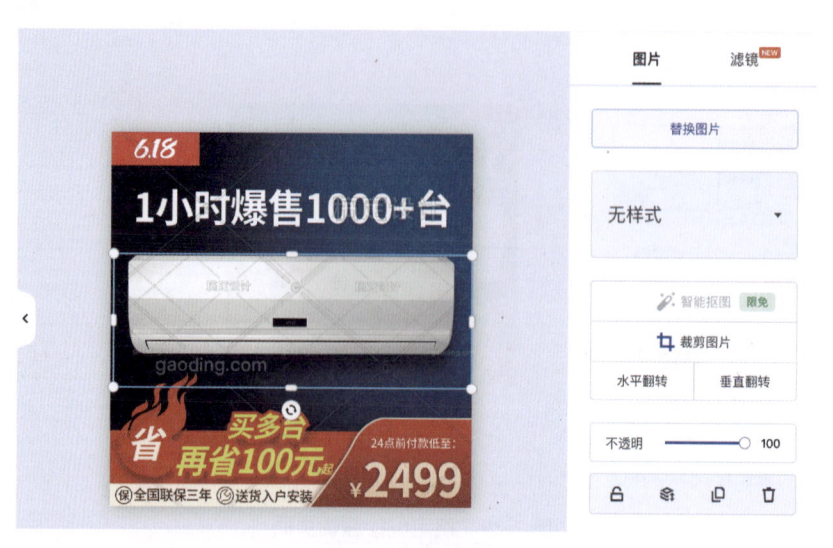

图 7-31　编辑图片

编辑背景：选择背景图层，可修改背景色或背景图片，如图 7-32 所示。

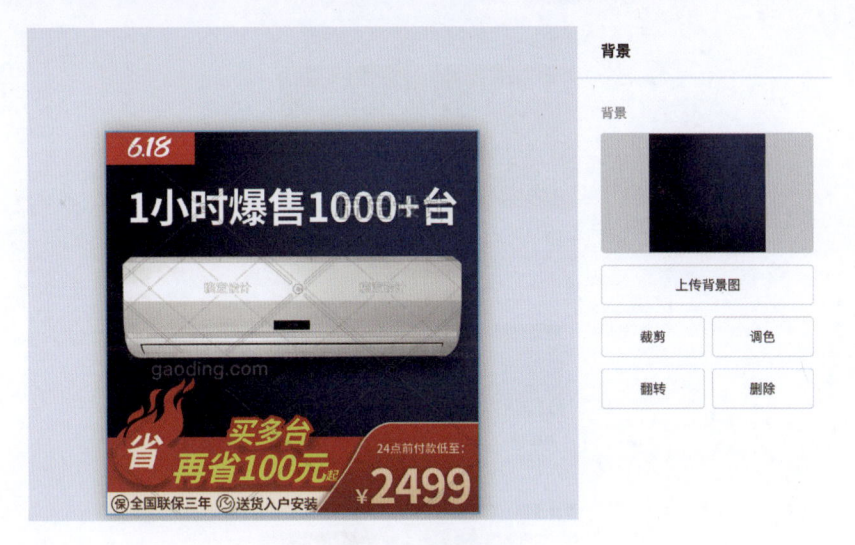

图 7-32　编辑背景

制作完成后选择下载即可，想要获取更多直通车图模板，了解更多模板制作技巧，可以在稿定设计中亲自尝试一下。

7.5.2　稿定设计（天天向商）App 应用实例

稿定设计 App 是一款专为微商打造的，非常专业的视频编辑和图片制作软件。该 App 为用户提供了强大的视频编辑功能，提供大量特效视频模板、海报模板、批量水印、视频剪辑，帮助用户一键完成视频编辑。软件以图片处理为切入点，为微商用户提供商品图标注圈点、创意海报模板、商品长图模板，满足微商的日常图片处理需求。同时，稿定设计 App 也不仅仅是一个工具，稿定设计 App 还是一个社区，打造微商用户交流互动的平台。

我们以直播预告图片的制作为例来介绍稿定设计的应用。

直播作为现在最热的风口，吸引了无数目光。从全民皆知的明星企业家，到央视主持人、政府机构等，纷纷加入直播的行列中来，足以体现其火爆程度。在这个"全民直播带货"的时代，人人都想从中分得一波红利，也正是因为直播带货的火爆，导致其竞争程度也非常激烈。尤其是对于一些知名度不高、规模不大的中小型商家或者个人来说，想要突出重围并不是一件容易的事情。稿定设计为此特地推出了直播短视频特辑，帮助大家解决直播过程中遇到的各种设计难题。

1. 选择制作工具

可以在搜索栏中直接输入相应关键词，寻找相关模板，如图 7-33 所示。

图 7-33　选择制作工具

2. 选择直播模板

点击选择所要使用的模板，如图 7-34 所示。

图 7-34　选择直播模板

3. 编辑模板

进入设计页面，选择画布中的任意文字、图片、背景等，即可开始编辑，如图 7-35 所示。

文字编辑：选中文字图层，双击修改文字内容，为文字添加样式，修改字体、大小、颜色等。

图片编辑：选中图片图层，双击替换图片，为图片添加样式、滤镜等。

背景编辑：选择背景图层，可修改背景色或背景图片。

图 7-35　编辑模板

制作完成后可以预览效果或保存至相册，如图 7-36 所示。

图 7-36　预览效果及保存至相册

7.6 美图秀秀

7.6.1 美图秀秀软件概述

美图秀秀是由厦门美图科技有限公司研发推出的一款免费图片处理软件，有 iPhone 版、Android 版、PC 版、Windows Phone 版、iPad 版及网页版，致力于为全球用户提供专业智能的拍照、修图服务。美图秀秀有图片特效、美容、拼图、场景、边框、饰品等功能，可以快速做出影楼级照片，还能一键分享到新浪微博、人人网、QQ 空间等。2018 年 4 月推出美图社交圈，鼓励年轻人秀真我，让社交更好看，美图秀秀也从影像工具升级为社区平台。

7.6.2 美图秀秀 App 使用方法简介

1. 操作界面

美图秀秀 App 功能齐全，应用较为广泛，下面以 Android 版为例，其经典界面如图 7-37 所示。

2. 美化图片

美图秀秀可以把相机里的照片进行美化，如尺寸裁剪、光效调节、色彩调整、特效滤镜、特效边框、抠图、马赛克、涂鸦、文字等。如图 7-38 所示，对左边的照片进行美化后，可变为右图的效果。其操作步骤介绍如下。

图 7-37　美图秀秀 App 操作界面

图 7-38　美化图片原图及效果

（1）编辑：点击软件主界面的"美化图片"按钮，再选择素材，便打开了美化操作界面。点击"编辑"按钮，选择"裁剪"，拖动出现的裁剪框，选出合适的位置，点击右下角的"打钩"按钮✓，完成裁剪，如图 7-39 所示。

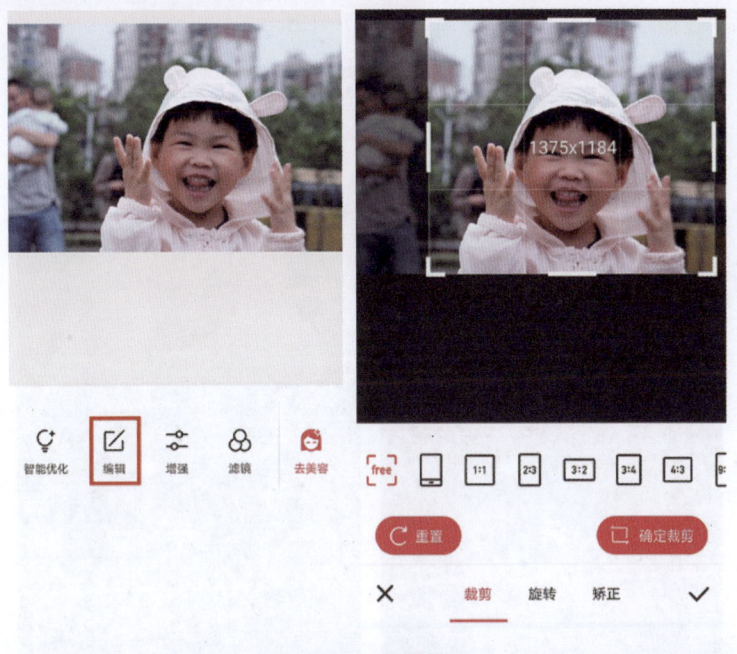

图 7-39　编辑图片

（2）增强：点击"增强"按钮，如图 7-40 所示，选择"光效"→"亮度"，拖动设置条中的圆圈设置数值，提亮图片。

图 7-40　提亮图片效果

点击"色彩"按钮，调节饱和度和色温，如图7-41所示。

图7-41　调节饱和度和色温

点击"细节"按钮，调节锐化和暗角，如图7-42所示。

图7-42　调节锐化和暗角

（3）滤镜：点击"滤镜"按钮，选择"气泡水"→"MN6"，如图7-43所示。

图7-43　添加滤镜效果

（4）边框：点击滤镜后面的"边框"按钮，选择"简单边框"，完成图像的美化，如图7-44所示。

图7-44　美化图片效果

3. 照片拼图

回到软件主界面，点击"照片拼图"按钮，再选择素材（可选择1～9个图片或视频），点击"开始拼图"按钮，便打开了拼图操作界面，如图7-45所示。

拼图可以选择模板、海报、自由、拼接等方式。模板拼图即使用固定的图像位置来拼图，可以点击"模板"，如图7-46所示选择了长方形四宫格的模板。

图7-45 拼图操作界面

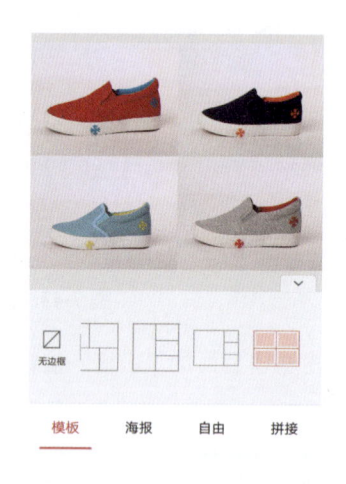

图7-46 长方形四宫格模板

"海报"模式和"自由"模式中有较多绚丽的效果，"拼接"模式中最常用的就是第一种，即拼长图的模式，其界面和效果如图7-47所示。

4. 人像美容

美图秀秀还有强大的人像美容的功能。回到软件主界面，点击"人像美容"按钮，再选择要进行美容的照片素材，便打开了人像美容操作界面，如图7-48所示。

图7-47 "拼接"模式

图7-48 人像美容操作界面

（1）美妆：美妆功能中包含了一键美妆、唇妆、眉妆、眼妆、五官立体等功能，操作便捷，效果直观，每一项功能界面如图7-49所示。

图7-49 美妆功能界面

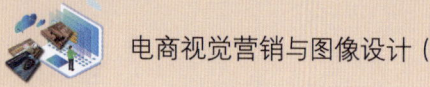

（2）一键美颜：一键美颜功能操作十分简单，只需要点击相应的模板图片即可实现美颜效果，其功能界面如图7-50所示。

图7-50　一键美颜功能界面

（3）人像美容中还有其他更多功能，如图7-51所示。

图7-51　人像美容更多功能

5. 保存和分享

利用美图秀秀制作完成的图像，会自动保存到手机相册中，还可以直接分享到微信、QQ、微博等社交工具上，如图 7-52 所示。

图 7-52　保存和分享

【思政园地】

创新精神篇——视觉软件国产化、智能化 拥抱技术革命新时代

职业素养

软件是新一代信息技术的灵魂，是数字经济发展的基础，是制造强国、质量强国、网络强国、数字中国建设的关键支撑。习近平总书记强调，要全面推进产业化、规模化应用，重点突破关键软件，推动软件产业做大做强，提升关键软件技术创新和供给能力。随

着数字化和互联网技术的发展，视觉软件（如图形图像处理软件、视频剪辑软件）行业不断发展壮大。目前，我国图形图像处理软件、视频剪辑软件行业市场呈现快速增长趋势，全球市场规模不断扩大。

案例分析

无论是店铺页面设计，还是商品拍摄后的图片与视频处理，视觉营销设计专业需要学生具备较高的审美素养，也要求学生掌握相关图片与视频处理软件的操作技巧。在图片处理软件中，国外知名图片处理软件较多，如Photoshop、CAD等大型专业软件，随着我国软件行业的发展，目前国内的图片处理软件应用开始逐渐增多，打破了国外软件"一统天下"的局面，如应用较多的美图秀秀、搞定设计等软件。

美图秀秀是由国内公司推出的一款免费图片处理软件，它鼓励年轻人秀真我，让社交更好看，美图秀秀也从影像工具升级为社区平台。利用美图秀秀可以快速做出影楼级照片，还能一键分享到新浪微博、人人网、QQ空间等。其所属公司旗下拥有美图秀秀、美拍、美颜相机、潮自拍、美妆相机、BeautyPlus、海报工厂、柚子相机、表情工厂、美图贴贴等美图热门手机应用软件，新老应用接力稳住C端基本盘。收入也从原有的单一广告业务，变为在线广告、VIP订阅业务、SaaS及相关业务、互联网增值服务，以及达人内容营销解决方案五项业务。目前，该公司月活用户数达2.409亿，成为国内使用量最高的图形处理软件。除此之外，在图形素材网站方面，相比国外"Behance""Pinterest"图片素材网，国内各类素材网站逐渐发展成熟，海量素材供设计师选择，如"站酷""花瓣""古田路九号""千图网"等。美图秀秀如图7-53所示，"站酷""花瓣""千图网"网站如图7-54所示。

图7-53 美图秀秀

图7-54 "站酷""花瓣""千图网"网站

项目七 视觉设计工具

随着短视频行业快速发展，短视频成为网络视听重要的业务板块，短视频以便捷的创作和分享方式迅速获得用户青睐。在电商平台，短视频以短小精悍、内容生动、形式多样的特点，成为电商平台上刺激交易的新宠，通过制作高质量、生动有趣的短视频，可以提高商品曝光率，吸引更多的潜在用户观看，不仅增加品牌知名度，也能提高商品转化率，为企业带来更多的流量和收益。

目前我国移动端视频创作软件市场有深圳市脸萌科技有限公司、北京快手科技有限公司、杭州影笑科技有限责任公司、上海影卓信息科技有限公司、万兴科技集团股份有限公司、杭州小影创新科技股份有限公司等一批优秀企业，旗下产品分别为剪映、快影、InShot 及 YouCut、VideoShow、FilmoraGo。剪影软件计算机端如图 7-55 所示。

图 7-55 剪影软件计算机端

剪映是中国互联网科技巨头之一——字节跳动旗下的一款视频编辑工具，2019 年 5 月，字节跳动推出剪映；2020 年 4 月，又向海外推出 CapCut；因 CapCut 的 logo 和功能均与剪映相同，被视为海外版剪映。剪映带有全面的剪辑功能，支持变速，有多样滤镜和美颜的效果，有丰富的曲库资源。自 2021 年 2 月起，剪映支持在手机移动端、Pad 端、Mac 计算机、Windows 计算机全终端使用。

据市场调研机构 data.ai 最新报告，截至 2023 年 9 月 11 日，剪映在 iOS 和 Google Play 上的用户总支出已突破 1 亿美元，成为 2023 年上半年全球最吸金的视频剪辑应用软件，与 2022 年下半年相比增长了 180%。截至 2023 年 8 月，全球有 4.9 亿人通过 iPhone 和安卓手机使用剪映。

当前，剪映和 CapCut 仍在不断迭代升级，对 Adobe 的专业视频剪辑软件 Premiere Pro 构成了竞争关系。CapCut 现在已经拥有超过 2 亿月活跃用户。在美国，CapCut 在 2022 年年底飙升至应用商店排行榜的顶部，并与其他一批中国开发的应用程序一起，如

社交媒体平台 TikTok、购物平台 Temu 和时尚市场 Shein，一直在该国下载应用程序的周排名中位居前列。另据 Sensor Tower 的数据显示，CapCut2022 年在全球的下载量增长了 43%，超过 4 亿次下载，剪映和 CapCut 在全球大获成功，成为中国软件全球化的成功典范。CapCut 软件计算机端如图 7-56 所示。

图 7-56　CapCut 软件计算机端

总结

我国软件和信息技术服务业进入结构优化、快速迭代的关键期，顶层设计持续加强，促进政策不断细化，资金扶持力度不断加大，逐步形成完善的政策体系。未来几年，我国软件产业将继续保持快速增长的趋势，成为我国国民经济发展的重要引擎之一。